歷代筆記叢書

元城先生語録

劉先生譚録

劉先生道護録

[宋]馬永卿 撰 [宋]韓瓘 撰 [宋]胡珵 撰 常爽爽 校點

上海古籍出版社

校點説明

一

馬永卿所撰元城先生語録三卷、韓瓘所撰劉先生譚録一卷、胡珵所撰劉先生道護録一卷，爲三人求教劉安世後，記録其言談之作。

劉安世（一〇四八—一一二五），字器之，大名府元城（今屬河北）人，人稱元城先生。熙寧六年（一〇七三）舉進士，不就選，從學於司馬光。元豐間歷洺州司法參軍、河南府左軍巡判官等。哲宗初，司馬光拜相，薦安世充職館閣，歷任秘書省正字、右正言、起居舍人兼左司諫、左諫議大夫。元祐五年（一〇九〇）詔除中書舍人，安世辭不拜，引疾乞宫觀，遂提舉崇福宫。六年正月復詔授中書舍人，二月改除樞密都承旨。元祐末，出知真定府。哲宗親政後，累貶知南安軍、管勾洪州玉隆觀、新州别駕，先後安置英州、高州、梅州。徽宗即位，移衡州，復知潞州。崇寧間，罷居沂州、光州等，後送峽州羈管。大觀三年（一一〇九）寓居亳州永城縣，與主簿馬永卿結師生之誼。政和、宣和間居南京（今河南商丘），韓瓘、胡珵等相繼問學。宣和七年以直龍圖閣卒。宋史卷三四五有傳。

劉安世著作，據宋史藝文志、東都事略，有劉安世文集二十卷、元城盡言集十三卷、資治通鑑音義十卷。五百家注昌黎文集稱「元城劉氏，名安世字器之，校正昌黎集」，然今日僅盡言集傳世。門生友人記述劉安世言行，有馬永卿元城先生語録三卷、韓瓘劉先生譚録一卷、胡珵劉先生道護録一卷。此外，宋史藝文志卷二〇三載劉安世言行録二卷，久佚，幸朱熹三朝名臣言行録卷一二諫議劉公安世大量引用，亦少量散見於其他史籍，尚可見其一斑。

劉安世師承司馬光，受司馬光影響頗深。在立身行己方面，司馬光教之以「誠」，令「自『不妄語』入」，安世一生信守，身體力行。元城語録卷中、劉先生道護録。政治立場亦緊隨司馬光，反對王安石變法，盡心維護元祐國是，雖連遭貶謫亦不改初衷，自言「吾欲爲元祐全人，不可破戒」。三朝名臣言行録卷一二。作爲元祐更化中至關重要的人物，劉安世的政治地位舉足輕重。

劉安世在學術思想領域也有一定聲望，其治學謹肅，辨僞存真，有儒佛結合、注重易理等傾向。時傳「若過南京不見劉待制，如過泗州不見大聖」；三朝名臣言行録卷一二。南宋劉克莊曾言：「無元城、了翁，誰爲元祐、建中之命脈！」後村集卷二八。朱子語類亦載：「元城得中，了翁後來有太過處。」朱子語類卷一三〇。宋元學案中列元城學案，從其學者有呂本中、孫偉、李光、馬永卿、韓瓘、胡珵等，後三人分別記録其言談並彙編成書。

二

元城先生語録（亦稱元城語録）爲馬永卿所撰。馬永卿字大年，自號嬾真子，揚州高郵（今屬江蘇）人。據考證，當生於元豐八年（一〇八五）或元祐元年（一〇八六）〔一〕，卒於紹興十九年（一一四九）或二十年〔二〕。據嬾真子録、馬達州自撰墓銘〔三〕，大觀三年（一一〇九）舉進士，同年赴亳州永城縣主簿，求教於劉安世。政和中任淅川令，宣和間任江都丞、夏縣令，紹興五年（一一三五）正月爲元城語録作序，時主管江州太平觀。至守達州，共歷官六任。馬永卿著述，據宋史藝文志、馬達州自撰墓銘著録，還有論語解十卷、易拾遺二卷、嬾真子録五卷、集十五卷，現僅存嬾真子録。

元城語録成書於紹興五年，序文詳述了馬永卿求學劉安世以及元城語録成書的經過，云：

> 大觀三年冬，僕將赴亳州永城縣主簿，七舅氏戒僕曰：「永城有寄居劉待制者，汝知之乎？」僕謝不知，舅氏因爲言先生出處起居之詳，且曰：「汝到任，可以書求教。」僕到任之次日，因上謁。三日，以書求教，先生曰：「若果不鄙，幸時見過。」僕因三兩日一造門。……僕從之學，凡一年有餘。後先生居南京，僕往來數見之，退必疏其語，今已二十六年矣。……僕懷此志久矣，獨以奔走因循，欲作復止。比因竊禄祠廩，晨昏之暇，輒追録之，以傳子孫。……紹

興五年正月望日，維揚馬永卿大年序。

馬永卿在赴任亳州永城縣主簿前，受其舅父張桐指點，向居住在永城的劉安世求教一年有餘。劉安世移居南京後，其亦前去拜訪數次。問學過後便記録下劉安世之言談，紹興五年在主管江州太平觀任上編成元城先生語録。

元城先生語録（諸儒鳴道集本）卷上二十則、卷中二十三則、卷下二十則，共計六十三則。按每則主要内容分類，談及治學者有十八則，其中經學十一則（含六經一則、詩一則、書一則、易三則、春秋左傳五則），兼涉音韻、作史、曆法等；談及前代史事十四則（含先秦二則、漢魏七則、唐五則），宋朝史事十九則（其中論王安石變法六則）；談及師徒二人自身言行六則，旁及立身之道；另有司馬光事迹三則、談禪三則。此外，書中有十七則提到司馬光，並稱其爲「老先生」，可見安世對司馬光之尊崇。

元城語録在對話間更易直觀展現出劉安世的觀點看法、學術思想、生活經歷等，無疑是研究劉安世的第一手資料，對於追溯司馬光的某些側面、探究司馬光與劉安世思想的傳承、剖析北宋後期政局等，均有獨特作用。諸多史事評説亦不見於其他傳世文獻，如卷上「太祖作造薰籠」事、卷中「司馬光諫用兵」疏、卷下論「張安道之子不敢投其『救東坡』書」事，均爲珍貴史料。黄氏日鈔、苕溪漁隱叢話、仕學規範等史籍也大量徵引本書文字，可見其影響之大。

三

劉先生譚録一卷，韓瓘撰。韓瓘字德全，開封人，生卒年不詳。據咸淳臨安志、直齋書録解題卷九，韓瓘爲宋仁宗景祐年间參知政事韓億之曾孫，韓縕之孫，累官知秀州。政和二年（一一一二），韓瓘南赴兩浙路任於潛縣令，宣和元年（一一一九）北歸，與劉安世的交往便發生於此七八年間。韓瓘在劉先生譚録卷首云：

> 瓘往官二浙，自壬辰歲南赴，己亥北歸，道睢陽者五六。每維舟河梁，侍公譚誨，累日而後去，所得話言繫邪正得失者，必退而書之策，凡二十一條，餘皆不載，時閲以自警云。具茨韓瓘叙。

韓瓘自開封南赴任官，曾五六次途經睢陽（今河南商丘）。因劉安世居住在此，韓瓘每次經過均向劉安世求教，並將劉安世言談中「繫邪正得失者」記録下來，成劉先生譚録。該書内容多涉當代史事評説、安世生活經歷及立身行己之道，其間諸如「劉安世道逢呂大防」事、「魏公、潞公鎮北門」事，多有可補其他傳世文獻者，具有其史料價值。

劉先生道護録爲胡珵所編，得名於卷末劉安世對胡珵言：「以子聰明，若能護以至道，他日遂成令器耳。」胡珵，字德輝，毗陵（今江蘇常州）人，生卒年不詳，徽宗宣和三年（一一二一）進士。據建炎以來繫年要録、南宋館閣録，靖康間曾任樞密院編修。建炎元年（一一二七）爲秘書省正字，二年，因殿中侍御史張浚彈劾，被送梧州編管。紹興間，先後任秘書省正字兼史館校勘、校書郎、著作佐郎、著作郎等。紹興八年，因論争合議之事觸怒秦檜，出知嚴州。後坐李光事被罷。據遂初堂書目，胡珵還著有蒼梧雜志一卷，今存。

關於胡珵問學於劉安世的經歷，劉先生道護録記載：

宣和六年，歲在甲辰，春二月十有二日，初至南都先生劉公所，候于門，以所摯書、楊先生書並謁入。……公曰：「中立先生安樂？」珵曰：「先生極康强，環堵蕭然，樂堯舜之道，聞珵西來將來見待制，先生嘉珵知所尊慕，又懼謝客不得見，特致手書先容。」

是歲仲冬，還自京師，初六日過南都，再見。

胡珵受學於楊時，宣和六年二月十二日，胡珵至南京（今河南商丘），持楊時手書登門拜謁劉安世，同年十一月初六日再次問學求教，而後記録劉安世言談編成本書。劉先生道護録内容多涉治學立身之道、自身經歷及生活近況等，對於了解劉安世的晚年生活、與楊時治學思想的異同等，均有較大史料價值。

四

元城先生語録、劉先生譚録、劉先生道護録成書未久，均爲諸儒鳴道集所收録。據考證，諸儒鳴道集初刻時間約乾道二年（一一六六）至四年〔四〕，傳世本爲宋理宗端平二年（一二三五）閩川黄狀猷修補印本。諸儒鳴道集收録的劉先生譚録、劉先生道護録爲傳世孤本，因二書版本簡單，兹不贅述。下面對元城先生語録的版本進行詳細梳理。

諸儒鳴道集本元城先生語録爲現存唯一的宋本。與其他版本相較，諸儒鳴道集本間或多幾字至十幾字不等，上卷末多出整段共四百一十五字，中卷末多出兩段共七百五十五字，下卷末兩段亦有幾處共計數百字差異。此外，紹興二十六年（一一五六）張九成所作之序，諸儒鳴道集本未載，而其他版本大都記載，可推斷諸儒鳴道集本與後世明本、清本當屬不同的版本系統。

元城先生語録於元代未見刊刻，明代版本流傳漸多。明正德十三年（一五一八）張儒刻本乃現存最早的明本，且首次附崔銑所輯行録一卷。據序言，明天順三年曾有大名守王正刊刻，元城尹張儒「得其僅存者又刊而新之」。比勘發現行録内容當源自朱熹三朝名臣言行録，其間存在大量錯字、脱文及次序混亂。

明嘉靖十年（一五三一）有嚴肅刻本，現存。由序跋知，此版本爲嚴肅於大名府内黄縣爲官時「正其舛繆，捐俸重刻」，且「復考先生之行實，並附於録」成附録一卷。嚴肅刻本與張儒刻本差異較小，附録與崔銑行録亦存在因襲關係，二者屬同一版本系統。

明嘉靖八年（一五二九），始出現元城語録解三卷、行録解一卷（以下簡稱「明解本」），爲王崇慶將語録「分爲六十二條，條爲之解」，並爲崔銑行録作解，交付知府顧鐸刊刻。王崇慶並未打亂原書段落次序，僅每段提煉兩字作爲標題，所作之解以「解曰」二字始，雙行小字附於段末。嘉靖十六年（一五三七），知大名府事高金重刻。明解本流傳較廣，今國家圖書館、臺北圖書館、上海圖書館、廣東省圖書館及日本静嘉堂文庫均有版式不一的藏本。

明萬曆十八年（一五九〇）于文熙刻本演變自明解本，乃于文熙「删其解，訂其誤，復掇遺事一二附諸後」，因此無王崇慶解，文字增改尤以行録爲多。萬曆四十五年（一六一七），魏縣知縣區龍禎據于文熙本重刊。

傳世清本主要有六種，分别源自三個明代版本：

（一）文淵閣四庫全書本源於浙江鮑士恭家藏的明刻王崇慶解本。咸豐九年（一八五九）胡珽、徐紹乾所校清抄本又抄自四庫本，删去王崇慶之解。

（二）道光二十六年（一八四〇）惜陰軒叢書本爲李錫齡據明代高金刻本刊，光緒年間畿輔叢書因襲之。

（三）雍正元年（一七二三）抄本、光緒四年（一八七八）錢培名小萬卷樓叢書本均源自明代區龍禎刻本。其中錢培名認爲區本「脱誤頗多」，試圖「略存宋本面目」，因而删行録，據黄氏日鈔、名臣言行録、苕溪漁隱叢話校正區刻之舛誤，並輯附録一卷，零散輯出元城語録脱文三條、譚録和道護録脱文各十餘條，不見於各明清版本，與諸儒鳴道集本内容相符。王仁俊經籍佚文所載元城語録佚文即抄録自錢培名所輯附録。

今元城先生語録、劉先生譚録、劉先生道護録的整理，均采用宋刻諸儒鳴道集本（山東友誼出版社曾於一九九二年影印出版）爲底本。其中元城先生語録通校以張儒刻本、明解本，參校以嚴肅刻本（以上三者均爲國家圖書館藏）、小萬卷樓叢書本（華東師範大學圖書館藏本）。校點過程中根據内容所需，再輔之以其他史料。

有關輯佚，其一，諸儒鳴道集收録劉先生譚録爲二十一則，與直齋書録解題記載相合，然而仍發現三朝名臣言行録卷七佚文兩則、續資治通鑑長編卷三八四佚文一則。其二，諸儒鳴道集收録劉先生道護録爲十五則，然而直齋書録解題記載爲十九則，且言「末又有邵伯温、呂本中所記數事附」，疑諸儒鳴道集所收非全本。三朝名臣言行録卷一二有「道護録後」一則，應屬佚文。其三，已亡佚的劉安世言行録，嘗試從三朝名臣言行録等史籍中輯出。以上佚文及歷代序跋、歷代書目著録，並附於全書之後。

元城先生語録整理時參考了叢書集成初編本元城語録解（商務印書館），劉安世言行録輯佚時參考了李偉國先生整理三朝名臣言行録的成果〔五〕，在此謹致謝忱。

校勘記

〔一〕韓旭：馬永卿懶（嬾）真子録研究，北京大學二〇一二年碩士學位論文，第三—四頁。

〔二〕仝相卿：蓋棺自論定——宋代自撰墓誌銘探析，廈門大學學報，二〇一七年第四期。

〔三〕宋馬永卿：馬達州自撰墓銘，收録於道光續增高郵州志，臺北成文出版社，一九七四年，第六册，第五四八—五四九頁。

〔四〕田智忠：諸儒鳴道集研究——兼對前朱子時代道學發展的考察，中國社會科學出版社，二〇一二年，第四八頁。

〔五〕宋朱熹撰，李偉國點校：三朝名臣言行録，收録於朱子全書第十二册，朱傑人、嚴佐之、劉永翔主編，上海古籍出版社、安徽教育出版社，二〇〇二年，第七七八—八〇〇頁。

目録

元城先生語録

元城先生語録序

僕家高郵，少從外家張氏諸舅學問。五舅氏諱㙉，字聖作。七舅氏諱桐，字茂實。九舅氏諱楫，字濟川。大觀三年冬，僕將赴亳州永城縣主簿，七舅氏戒僕曰：「永城有寄居劉待制者，汝知之乎？」僕謝不知，舅氏因爲言先生出處起居之詳，且曰：「汝到任，可以書求教。」僕到任之次日，因上謁。三日，以書求教，先生曰：「若果不鄙，幸時見過。」僕因三兩日一造門。後數月，先生以僕爲可教，意亦自喜，嘗曰：「某在謫籍，少人過從。賢者少年初仕宦，肯來相從，願他日無負此言。」是時，先生寓于縣之回車院，年六十三四，容貌堂堂，精神言語雄偉閎爽。每見客，無寒暑，無早晏，必冠帶而出，雖談論逾時，體無欹側，肩背聳直，身不少動，至手足亦不移。噫，可畏人也！僕從之學，凡一年有餘。後先生居南京，僕往來數見之，退必疏其語，今已二十六年矣。僕既不能卓然自立，行其所學，以追前輩，已負先生之托矣。若又不能追録先生之言，使之泯絶，則僕之罪大。僕懷此志久矣，獨以奔走因循，欲作復止。比因竊禄祠廩，晨昏之暇，輒追録之，以傳子孫。蓋以僕聲名之微，不能使他人之必傳也。先生元城人，諱安世，字器之，事在國史。紹興五年正月望日，維揚馬永卿大年序〔一〕。

卷上

僕初見先生，先生問僕鄉里，且曰：「王鞏安否？」僕對曰：「王學士安樂，來赴任時，嘗往別之。」後兩日，知縣詹承議輔語僕曰：「適見劉待制，云新主簿可教。」因問：「何以得之？」「公曰：『後生不稱前輩表德，此爲得體。』」又曰：「此公極慎許可，吾友一見，已蒙稱道，此可重也。」王學士字定國，從先生學，居於高郵。

僕見後三日，僕獻書求教，先生再讀之，似有喜色，且以言見謝。僕因問立身仕宦之道，先生問余家屬畢，曰：「賢俸禄薄，當量入以爲出。」僕復問請益，先生曰：「漢書云『吏道以法令爲師』〔二〕，有暇可看條貫。」又曰：「不獨可以治人，亦可以保身。」僕歸檢漢書，前語出薛宣傳。先生之意，以僕初出場屋，行己或犯法，且爲吏所欺，故有此言。

先生問僕：「舊治甚經？」僕對治書。先生曰：「今之書，乃漢所謂尚書。若復求孔子所定之書，今不見矣。」僕聞其言色駭。先生曰：「漢承秦火之後，諸儒各以所學談經，或得或失，然各自名家，自濟南伏生以降，不獨一人。就其中取之，獨孔安國古文尚書尤勝諸家，則今之尚書是也。」僕曰：「其略何如？可得聞乎？」先生曰：「止如『曰若稽古』字〔三〕，往往不同，不知近日士人如何解？」僕因舉新經以對，先生曰：「此非金陵説乎？非但金陵之説非，而孔氏之説亦非也。」因令取注尚書，以手指語僕曰：「自此作堯典，以上書序也，舊與他序同在一處，孔氏移於諸篇之首。」又指「堯典曰」以下語僕曰：「此兩字乃篇題也，其下當爲『粤若稽古』。『粤若』，發語之辭也。『稽』，考也。言史氏考古，有此事也。今孔氏以『若』爲『順古道而行之』，非也。然此事賢卒未能解，可取前漢儒林傳、藝文志熟讀之，則可見矣。」僕後數日再見，且曰：「堯典之説，果如先生之言。」因曰：「儒林傳云：『孔氏有古文尚書，孔安國以今文字讀之，因以起其家。』竊恐今之尚書，非古文也。」先生笑曰：「是也。古文尚書乃科斗，科斗變爲大篆，大篆變爲小篆，小篆變爲隸書。所謂今文字，乃漢之隸書也。故尚書序云『爲隸古定』，其去科斗遠矣。」僕又曰：「『粤若』者，則所謂『越若來三月』是也。所謂『稽古』者，則所謂『惟稽古』是也。」先生曰：「然。今按藝文志注曰：秦延君説『曰若稽古』二三萬言。則是『曰若稽古』當作四字一句也。今乃以『堯典曰』爲一句，『若稽古帝堯』爲一句，非也。」秦恭字延君，信都人也，見儒林傳。

先生因言及王荆公學問，先生曰：「金陵亦非常人，其粗行與老先生略同。」先生呼温公則曰「老先生」，呼荆公則曰「金陵」。「其質朴儉素，終身好學，不以官職爲意，是所同也。但學有邪正，各欲行其所學爾。而諸人輒溢惡，此人主所以不信與。天下之士至今疑之，以其言不公，故愈毁之而愈不信也。嘗記漢時大臣，於人主之前説人短長，各以其實，如朱雲是其一也。」僕退而檢朱雲傳，華陰守丞嘉封事，薦朱雲爲御史大夫，下其事問公卿，匡衡對，以爲「雲素好勇，數犯法亡命，受易頗有師道」。僕後見先生，因舉此言，先生曰：「是矣。凡人有善有惡，故人有毁有譽，若不稱其善，而並以爲惡而毁之，則人必不信有是惡矣。故攻金陵者，只宜言其學乖僻，用之必亂天下，則人主必信。若以爲以財利結人主如桑弘羊〔四〕，禁人言以固位如李林甫，姦邪如盧杞，大佞如王莽，則人不信矣。蓋以其人素有德行，而天下之人素尊之，而人主夷考之無是事，則與夫毁之之言亦不信矣。此進言者之大戒。」

先生問僕曰：「世之所以罪金陵者，何也？」僕以新法對。先生曰：「此但一事耳。其爲大害，不在是也。」且論：「新法多成周之法，且五帝之法尚不同，而金陵乃以成周之法行於本朝〔五〕，何哉？祖宗所以不多爲法令者，正恐官吏緣此以撓民也。正如莊子言：『掊斗折衡，則民不争。』使天下人皆如莊周，自可不争；使天下吏人皆如臨川，可不要人錢也。」僕曰：「所謂大害，何也？」先生曰：「正在僥倖路開耳。譬如一大室中，聚天下珍寶，只有一門，門前有一正路甚廣大，然極迂遠難到，若非其人，輒趣此路者，必有人約迴之。然此室又有數小邪路可到，有數小門可入，自古聖君賢臣，相與同心，極力閉此門，若有由邪路來者，則拒之使不得入。或時放一兩人入，亦不至甚害也。若乃廣開此路，大開此門，則人乘此逕路而入。自此門一開之後，不復可閉，何況有人於室中招之乎？嘉祐之末，天下之弊在於舒緩，金陵欲行新法，恐州縣慢易，因擢用新進少年，而僥倖之路從此遂啓。又教人主作福作威之術，故有不次用人，至於特旨、御前處分、金字牌子、一時旨揮之類，紛紛而出。以爲賞罰，人主之柄，且此柄自持可也，若其勢必爲姦臣所竊，則賞罰綱紀大壞，天下欲不亂，得乎？」

先生尋常亦談釋氏，每曰：「孔子、佛之言，相爲終始。孔子之言『毋意、毋必、毋固、毋我』，佛之言曰『無我、無人、無衆生、無壽者』，其言次第若出一人。但孔子以三綱五常爲道，以治生靈爲心，故於色色空空之説，微開其端，欲令人自得爾。且孔子之心，佛心是也。假天下無三綱五常之道，則禍亂大作，人將無噍類，豈佛之心乎？譬如州縣長官不事事，而郡縣大亂，乃復禮佛誦經，閉門坐禪，以爲學佛，可乎？故儒、釋、道、神四者，其心皆一，但門庭施設不同爾。」先生曰：「古今大儒，因著論毀佛法者，蓋有説也。且彼尾重則此首輕，今爲儒、佛弟子，宜各主其教，使之無過於重而已。且三教猶鼎足，獨令一足大，可乎？則鼎必覆矣。且所謂佛法者，果何物也？凡可以言者，皆有爲法也，謂之『有爲法』，則有成有敗。然萬物之理，盛極必壞。故佛法太盛，則不獨爲吾儒病，亦爲佛法之大禍也。彼世之小儒，不知此理，見前輩或毀佛法，亦從而詆之，以謂佛法皆無足采，非也。芻蕘之言，聖人擇焉，且佛法豈不及於芻蕘之言乎？而聖人，堯、舜、周、孔也，彼乃自視以爲過於堯、舜、周、孔，此又好大之病也，與溺佛而至佞佛同科。」先生因言及東坡先生，曰：「士大夫只看立朝大節如何，若大節一虧，則雖有細行，不足贖也。東坡立朝大節極可觀，才意高廣，惟己之是信。在元豐，則不容於元豐，人欲殺之；在元祐，則雖與老先生議論亦有不合處，非隨時上下人也。」僕又問：「東坡稱先生喜談禪，何也？」先生曰：「非也。北歸時與東坡同塗，極款曲，故暇日多談禪。某嘗患士大夫多以此事爲戲，且此事乃佛究竟之法，豈可戲以爲一笑之資乎？此亦宜戒。」

先生曰：「金陵有『三不足』之説，聞之乎？」僕曰：「未聞。」先生曰：「金陵用事，同朝起而攻之。金陵闢衆論，進言於上曰：『天變不足懼，祖宗不足法，人言不足恤。』此三句非獨爲趙氏禍，乃爲萬世禍也。老先生嘗云：『人主之勢，天下無能敵者，或有過舉，人臣欲回之，必思有大於此者把攬之，庶幾可回也。』天子者，天之子也。今天變乃天怒也，必有災禍，或可回也。今乃教人主，使不畏天變、不法祖宗、不恤人言，則何等事不可爲也。」僕曰：「此言爲萬世禍，或有術可以絶此言，使不傳於後世乎？」先生曰：「安可絶也。此言一出，天下人皆聞之。不若著論明辨之曰：『此乃禍天下後世之言，雖聞之不可從也。』譬如毒藥不可絶，而神農與歷代名醫言之曰：『此乃毒藥，如何形色，食之必殺人。』故後人見而識之，必不食也。今乃絶之，不以告人，既不能絶，而人誤食之，死矣。」先生又曰：「『把攬』兩字，賢可記取，極有意思。」

先生與僕言行己出處，且曰：「紹聖初，某謫嶺表。既到嶺上，北望中原，慨然自念奉父母遺體而投炎荒，恐不生還。忽憶老先生語云：『北人在瘴煙之地，唯絶嗜慾可以不死。』是日遂絶，至于今更不復作。且大丈夫自誓不爲則止耳，何必用術也。趙清獻亦本朝名臣，欲絶慾不能，乃掛父母之畫像於卧床中，且以偃卧其下，而使父母具冠裳監視，不亦瀆乎？昔陶潛賦歸去來即徑歸，而王羲之乃自誓於父母墳前。且仕宦豈是不好事，但看行己如何爾。若仕宦有益於社稷生靈，其勝獨善一身多矣。」蓋先生之意，欲自比彭澤，而以清獻比右軍。

先生曰：「金陵在侍從時，與老先生極相好。當時淮南雜説行乎時，天下推尊之以比孟子。其時又有老蘇，人以比荀子。但後來爲執政，與老先生論議不合爾。老先生嘗謂金陵曰：『介甫行新法，乃引用一副當小人，或在清要，或爲監司，何也？』介甫曰：『方法行之初，舊時人不肯向前，因用一切有才力者。候法行已成，即逐之，却用老成者守之。所謂智者行之，仁者守之。』老先生曰：『介甫誤矣。君子難進易退，小人反是。若小人得路，豈可去也。若欲去，必成讎敵。他日將悔之。』介甫默然。後果有賣金陵者，雖悔之亦無及也。」賣金陵者，呂惠卿吉甫也。

先生曰：「人臣進言於君，當度其能爲即言之，若太迫蹙關閉，或一旦決裂，其禍必大。不若平日雍容以諷之，使無太甚可也。哲廟初鋭意於學，一日，經筵講畢，於一小軒中賜茶。上因起折一柳枝，其中講筵臣乃老儒也，起諫曰：『方春萬物生榮，不可無故摧折。』哲宗擲之，其色不平。老先生聞之不悦，謂門人曰：『使人主不欲親近儒生者，正爲此等人也。』嘆息久之。」〔六〕

先生曰：「天下之事不可以一概論，且以飲酒一事言之。本草言：『三人早行，内一人獨生者，以飲酒故也。』且冬月早行，冒寒必疾，故藉酒酷烈之氣以敵之。某初到南方，有一高僧教余言：『南方地熱，而酒性亦大熱，本草所謂大海雖凍，而酒不冰。今嶺南煙瘴之地，而更加以酒，必大發疾，故疾之狀使人遍身通黄，此熱之極也。』故余過嶺即斷酒，雖遍歷水土惡弱，他人必死之地，某獨無恙。今北歸已十年矣，未嘗一日患瘴者，此其效也。故某多與人言此事，欲盡知之。若此輩或有言酒可以辟瘴者，但見初到炎鄉，藉此以禦瘴氣，似乎有驗，不知積久積熱于五臟之間，不可救也。若北人能絶酒、色兩事，雖在炎方何害。」

先生嘗問僕參請乎，僕對以亦嘗有此事，但未能深得爾。先生曰：「所謂『禪』一字，於六經中亦有此理，但不謂之禪爾。至於佛乃窺見此理而易其名，及達磨西來，此話大行。不知吾友於世所謂話頭者，亦略聞之乎？」僕對曰：「見相識中愛理會『栢樹子』。」又問：「吾友如何解？」僕無以對。先生曰：「據此事不容言，然以某所見，則夫子不答是也。且西來意不必問，而話亦不必答。然向上老和尚好玩弄人，故以不答答之。所謂栢樹子者，乃繫驢橛也。後人不知，只守了樹後尋祖師西來意，可一笑也。」又曰：「佛法到梁，敝矣。人皆認着色相，至於武帝爲人主，不知治民，至亂天下，豈佛意也？蓋佛法只認着色相，則佛法有可滅之理。達磨西來，其説不認色相，若渠不來，佛法之滅久矣。又上根聰悟，多喜其説，故其説流通。某之南遷，雖平日於吾儒及老先生得力，然亦不可謂於此事不得力。世間事有大於生死者乎？而此事獨一味理會生死有個見處，則於貴賤禍福輕矣。且正如人擔得百斤，則於五六十斤極輕。此事老先生極通曉，但口不言耳。蓋此事極繫利害，若常論，則人以謂平生只由佛法，所謂五經者，不能使人曉生死説矣。故爲儒者不可只譚佛法，蓋爲孔子地也。又不根之人，以謂寂寞枯槁乃是佛法，至於三綱五常，不是佛法，不肯用意。又其下者，復泥於報應因果之説，不修人事，政教錯亂，生靈塗炭，其禍蓋有不可勝言者。故某平生可曾與人言者，亦本於老先生之戒也。」

先生平日皆莊語，有一雅謔謾記之。先生爲諫議大夫日，值除一執政，姓胡，名不欲記之。先生再三論列，文字不降出。時劉貢父爲給事中，先生於朝路見之，問曰：「昨晚有甚文字降出？」貢父曰：「豈非器之於新除有異聞乎？」先生曰：「然。若遲回不去，當率全臺諫攻之，孔子所謂『鳴鼓而攻之』者。」貢父應聲曰：「將爲是暗箭子，元來是鳴鼓兒。」聞者皆啓齒。先生素嚴毅，亦笑容。又曰：「貢父好謔，然立身立朝極有可觀，故某與之交遊。」

先生與僕論變法之初，僕曰：「神廟必欲變法，何也？」先生曰：「蓋有説矣。天下之法，未有無敝者。祖宗以來，以忠厚仁慈治天下。至於嘉祐末年，天下之事似乎舒緩，委靡不振。當時士大夫亦自厭之，多有文字論列，然其實於天下根本牢固。至神廟即位，富於春秋，天資絶人，讀書一見便解大旨。是時見兩蕃不服，及朝廷州縣多舒緩，不及漢唐全盛時，每與大臣論議，有佛然不悦之色。當時執政、從官中有識者，以謂方今天下正如大富家，上下和睦，田園開闢，屋舍牢壯，財用充足，但屋宇少設飾，器用少精巧，僕妾樸魯遲鈍，不敢作過，但有鄰舍來相凌侮，不免歲時以物贈之，其來已久，非自家做得如此，遂不敢承當上意，改革法度。獨金陵揣知上意，以一身當之，以激切奮怒之言以動上意，遂以仁廟爲不治之朝，神廟一旦得之，以爲千載會遇。改法之初，以天下公論謂之流俗，内則太后，外則顧命大臣等，尚不能回，何況臺諫、侍從、州縣乎？祇增其勢爾。雖天下之人群起而攻之，而金陵不可動者，蓋此八個字，吾友宜記之。」僕曰：「何等八字？」先生曰：「虚名、實行、强辯、堅志。當時天下之論，以金陵不作執政爲屈，此虚名也。平生行止，無一點涴，論者雖欲誣之，人主信乎？此實行也。論議人主之前，貫穿經史今古，不可窮詰，故曰强辯。前世大臣，欲任意行一事，或可以生死禍福恐之得回，此老實不可以此動，故曰堅志。因此八字，此法所以必行也。得君之初，與主上若朋友，一言不合己志，必面折之，反覆詰難，使人主伏弱乃已。及元豐之初，人主之德已成，又大臣尊仰將順之不暇，天容毅然正君臣之分，非與熙寧初比也。」

先生與僕論唐史，及明皇信任姚、宋事，先生曰：「此二人與張説乃天后時相也，非己自用，故敬憚之。至於張九齡輩乃己所自用，故於進退輕也。」僕曰：「人主用相必要專一，明皇用二相專，故能成開元之治。」先生曰：「明皇仰面不對除吏，雖是好事，然未也。」僕曰：「何以言之？」先生曰：「明皇之任用宰相，是也。其以情告宦官者，非也。使力士以誠告崇，固可。若加以誕謾之語，則崇何從質之？曷若以語力士之言面諭崇，則君臣之情，洞然無疑矣。力士與王毛仲不相善，至奏其怨望之言，而毛仲終被誅。然則人主不面質其臣，而好與宦官密語，未有不竊弄權柄而亂天下者也。此事可爲戒，不可以爲法。」

先生與僕言仁廟恭儉，先生曰：「仁廟恭儉，出於天性，故四十二年如一日也，易所謂『有始有卒』者。常記得老先生言明皇即位之初，焚錦繡珠玉於前殿爲非。」僕曰：「何以言之？」先生曰：「世以明皇初節儉，後奢侈，疑相去遼絶，此説非也，此正是一個見識耳。夫錦繡珠玉，世之所有也，己不好之則不用，何至焚之？焚之必於前殿，是欲人知之，此好名之敝也。夫恭儉不出於天性而出於好名，好名之心衰，則其奢侈必甚，此必至之理也。故當時識者見其焚珠玉，知其必有末年之敝。若仁廟則不然，若非大臣問疾，則無由見其黄絁被、漆唾壺。」僕歸檢唐史：「開元二年二月己未〔七〕，焚錦繡珠玉于前殿。」然當時有識者，不曾問其姓名，至今以爲恨。

先生與僕論唐史，言及明皇任宰相，先生曰：「以明皇之任韓休一事觀之，信忠臣之難遇而佞臣之難去也。藉使令知其人，曰某人忠、某人姦，亦未必能任且去之也。明皇分明知韓休之忠，乃速去之；分明知蕭嵩之佞，乃久任之。後來任李林甫，又更好笑，上之分明知其姦，至用之二十來年，至死乃罷。人主唯患不能分别忠佞，今分明知之，乃如此，欲天下不亂，可乎？」僕曰：「譬人之服藥，未達藥性而誤服之，一旦或悟，則必去之而更進良藥。今已知藥之害人，以其甘而久服之，藥之有益，以其苦而去之，則欲其人之不死，其可得哉？」先生曰：「雖大無道之君，亦惡亂亡，而明皇中材之主，知姦邪而任之，何也？」僕無以對，先生曰：「此蔽於左右之佞幸耳。蓋所謂佞幸者，嬪御也，内臣也，戚里也，幸臣也，此皆在人主左右而可以進言者也。賢相不與佞幸交結，彼有所倖求，則執法而抑之，人人與之爲讎，必旦旦而譖之，而人主之眷日衰矣。姦臣則交結佞幸，彼有所僥求，則謹奉而行之，人人感其私恩，必旦旦而譽之，則人主眷日深矣。所謂譖之者，非顯然譖之也，或因一事凡可以媒孽者，無不爲也。所謂譽之者，非顯然助之也，或因一事凡可黨援者，無不爲也。人主雖欲用忠臣而去佞臣，不可得也。且人主之去宰相，必積怒然後去之，非一日也。左右佞幸最能測人主之喜怒，彼姦臣之爲相，豈無一事貽怒？然纔覺怒，必於佞幸處知之，急急收救，故不至於積怒而去也。又人主不知爲左右浸潤，只道我自能進退大臣，不知佞幸知之久矣。李林甫所以作相二十年不去者，正緣得高力士、安禄山、陳希烈等内外贊助之也。」僕歸檢唐書，如先生言。開元十六年九月相蕭嵩，二十一年三月相韓休，是年十二月嵩、休同罷。開元二十二年五月相林甫，至天寶十一載十一月薨于位。韓休爲相，明皇嘗引鑑，默默不樂，左右曰：「自韓休入朝，陛下無一日歡，何自戚戚，不逐去之？」帝曰：「吾雖瘠，天下肥矣。蕭嵩每啓事，必順旨，我退而思天下，不安寢。韓休敷陳治道，多訐直，我退而思天下，寢必安。吾用休，社稷計耳。」李林甫傳：裴士淹與明皇評宰相，至李林甫，曰：「是子妬賢嫉能，舉無比者。」士淹因曰：「陛下誠知之，何任之久也？」帝默不應。

先生嘗曰：「太祖即位，常令後苑作造薰籠，數日不至。太祖責怒，左右對以：『事下尚書省，尚書省下本部，本部下本寺，本寺下本局〔八〕，覆奏，又得旨復依，方下製造，乃進御。以經歷諸處行遣，至速須數日。』太祖怒曰：『誰做這般條貫來約束我？』左右曰：『可問宰相。』上曰：『呼趙學究來！』趙相既至，上曰：『我在民間時，用數十錢可買一薰籠。今爲天子，乃數日不得，何也？』普曰：『此是自來條貫，蓋不爲陛下設，乃爲陛下子孫設。使後代子孫若非理製造奢侈之物，破壞錢物，以經諸處行遣，須有臺諫理會：此條貫深意也。』太祖大喜曰：『此條貫極妙。若無薰籠，是甚小事也。』其後法壞，自御前直降下後苑作，更不經由朝廷，至今以爲例。」

先生嘗曰：「太祖極好讀書，每夜於寢殿中看歷代史，或至夜分，但人不知及口不言耳。至與大臣論事，時出一語，往往盡利害之實。河東折氏、靈武李氏，自五代以來世守此土，兩蕃畏之，故令世襲。蓋其意曰：若不捍禦，則虜人入寇，先壞世襲地，此乃渠本家子孫久遠物，必行愛惜，分外防備。若挈土地入蕃，不過令依舊世守，本朝必爲理會。若反噬，則太原及陝西路大帥禦之，非若禄山連三路節度之比，極爲得策。其後以爲世襲不便，以折氏平河東有功，依舊，乃移李氏爲陝西兩鎮，因此遂失靈夏，至今爲患。」又言：「太祖與群臣言未嘗文談，蓋欲激厲將士之氣。若已自文談，則將士以武健爲恥，不肯用命。此高祖溺儒冠之意也。至太宗，未平晉已爲平晉詩賦，未平燕山已爲平燕山詩賦，方戰争之時，行在扈從群臣屬和，將士歆艷文章而於武事不競，卒有潘美之敗。此慕虚名、受實患也。澶淵之役，章聖既渡大河，至浮橋一半，高瓊執御轡曰：『此處好喚宰相吟兩首詩也。』蓋當時宰相王欽若、陳堯佐輩好爲詩賦，以薄此輩，故平日憾之，而有此語。」

先生一日僕閑語，因言「某人乃某人遠族也」，先生曰：「宗與族孰近？」僕曰：「宗近也。」先生曰：「此顛倒也，然此事極卒難曉。」因命取左氏檢示僕曰：「襄公十二年，『吴子壽夢卒，臨於周廟，禮也。凡諸侯之喪，異姓臨於外』，注云『於城外向其國』也。『同姓於宗廟』，注云『所出王之廟』。『同宗於祖廟』，注云『始封君之廟』。『同族於禰廟』，注云『父廟也，謂同高祖以下』。『是故魯爲諸姬，臨於周廟』，注云『諸姬，同姓國』也。『爲邢、凡、蔣、茅、胙、祭，臨於周公之廟』，注云『即祖廟也，六國皆周公之支子，別封，先共祖周公』。然則宗遠而族近也。政和中，大臣不學，以郡主爲宗姬，以縣主爲族姬，則親疏遠近失之矣。又，姬，周姓也，趙出於秦嬴，燕姞、息嬀之類，皆以姓在下，如今稱『阿王』、『阿趙』是也。且天子之女下嫁於諸侯，主婚之禮尊卑不等，故以同姓國公主之。是以王姬下嫁於齊，而魯築王姬之館于外，此其證也。自唐以來，已爲失禮，獨取美名，若『金仙』、『玉真』之類是也，已爲知禮者所笑。若乃國朝最有法度，無何壞之。自漢之初，以姬爲貴姓，取以爲嬪嬙之號，若戚姬、薄姬之類，已自可笑，今乃以嬪嬙之號名其女，尤可大笑。」先生又曰：「比年失禮多矣，此特小小者耳。若乃禮、義、廉、恥，是四維今乃掃地而盡，此不獨可大笑，真可大慟也。」

校勘記

〔一〕維揚：原作「維陽」，據張儒本、明解本、嚴肅本改。

〔二〕吏道以法令爲師：「道」字原脱，據張儒本、明解本、嚴肅本及漢書卷八三薛宣傳補。

〔三〕曰若稽古：「曰若」原脱，據張儒本、明解本、嚴肅本及下文補。

〔四〕桑弘羊：原作「桑洪羊」，宋人因避宣祖諱改字。

〔五〕金陵：「金」字原闕，據張儒本、明解本、嚴肅本補。

〔六〕嘆息久之：張儒本、明解本、嚴肅本下有「老儒即伊川先生程頤字正叔」雙行小字注文十二字。

〔七〕開元二年二月己未：「二月己未」，新唐書卷五、資治通鑑卷二一一作「七月乙未」，舊唐書卷八作「六月丁巳」。

〔八〕本部下本寺，本寺下本局：兩「寺」字，張儒本、明解本、嚴肅本皆作「曹」。

卷中

先生嘗言：「老先生每於朝廷闕政，但只於人主之前極口論列，未嘗與士大夫閑談，以爲無益也。熙寧之初，嘗有文字諫用兵，而不曾留藁，然某得在弟子之列，嘗聞其大略，以謂：中國與夷狄爲鄰，正如富人與貧人鄰居，待之以禮，結之以恩，高其墻垣，威以刑法。待之以禮，則國家每有使命往來，有立定條貫禮數束縛之也。結之以恩，則歲時嘗以遺餘之物厭飽之也。高其墻垣，則平日講和而不失邊備也。威以刑法，待其先犯邊，然後當用兵也。今乃不然，是富者愛鄰家貧民些小財物，開門延入而與之博。若幸勝焉，則所得者皆微細棄賤之物，不足爲富人財用多寡。若不勝焉，則富人屋宇、田宅、財物，皆貧家所有矣。又況博弈者，貧人日月爲之，乃所工也，而富人之所短。貧人日夜專望富人與之博，但無路爾。今乃自家先引而呼之，貧人亦何幸哉。且富人之待貧人，至於用刑法，則是入官府也，至是無術矣，若不至於入官府處，則爲善矣。且官吏之清嚴者，常云富人挾勢以陵貧民，故貧民往往得理。今既用兵，則中國、夷狄之勝負，繫之於天，豈知天之心不若清嚴官吏心乎？又況邊隅無隙而已爲兵首，乃最古今之大忌，則官中所謂先下拳者也，其敗必矣。此疏累數千言，大概如此。」

先生與僕論霍光立宣帝事。先生曰：「霍將軍立宣帝固是好事，然博陸之意亦有在也。」僕曰：「何以言之？」先生曰：「昭帝既崩，廣陵王胥尚在，霍光建議以王先帝已棄不録，故立昌邑王賀。昌邑群臣既到漢庭，不得不與光爭權，一旦殺二百人，呼號於市曰：『當斷不斷，反受其亂。』蓋當時亦欲殺光，但未得間爾。後乃立宣帝，只一身，外家乃許伯，老宦者易制，故立之。大都藩王入繼，必親信本國之臣，如文帝即日入未央，夜拜宋昌爲衛將軍，領南北軍，張武爲郎中令，行殿中，且二者爲漢朝要權，故不移日以親信代之，而平、勃等重權一旦奪之，其理自然也。然則光之立宣帝，正爲其無黨耳。」

先生與僕論國初之事，以謂太祖規摹出於前代遠甚。僕曰：「何以明之？」先生曰：「昔代宗、憲宗時，來瑱、于頔最先來朝，繼而或殺之，或破其家，而河朔諸藩鎮乃無術治之，如此則藩鎮豈肯來朝也？其縛盧從史事，又直可笑，當初出兵驚天動地，與武元衡復讎去討王承宗，承宗捉不得，却去自家寨中縛下盧從史，凱旋而歸，君臣更相賀，其無恥如此。大哉！太祖之神武也。既平孟蜀，而兩浙錢王入朝，群臣自趙普已下爭欲留之，聖意不允。一日，趙相拉晉王於後殿，奏事畢，晉王從容言錢王事，太祖曰：『二哥，你也出這言語。我平生不曾欺善怕惡，不容易留住這漢，候捉得河東薛王，令他納土。』於後數日，錢王陛辭，太祖封一軸文字與錢王，曰：『到杭州開之。』錢王至杭，會其下開視，乃滿朝臣僚乞留錢王表劄，君臣北面再拜謝恩。至太平四年，河東已平，乃令錢王納土。」先生曰：「太祖此意何也？」僕曰：「此所謂不欺善也。」先生曰：「此固然也。錢氏久據兩浙，李氏不能侵，藉使錢王納土，使大將鎮之，未必能用其民，須用本朝兵去鎮服，又未必能守兩浙。今錢王既歸，必不敢附李氏，李氏既平，則兩浙安歸乎？此聖模之宏遠也。」

先生嘗言：「三代以上即不問，三代以降，雖漢高祖、光武、唐太宗，皆出吾太祖下。」僕曰：「何以言之？」先生曰：「且以立後嗣言之。高帝、太宗所立皆其子，多少時處置不下，高帝即悲歌泣下，太宗不獨泣，欲引刀自刺，無處置如此。我太祖自冒矢石取天下，自有魏王、齊王各長立奇偉，乃以天下與弟。且一命之卑，十金之産，尚欲與其子，況天下之富貴乎？此正諸佛菩薩用心，爲生靈而來，既了此一大事，即脱然而歸，不復爲子孫計，此堯舜用心也。」僕曰：「舊史言唐明宗禱天而生太祖。太祖於天成二年丁亥歲生，後太宗生於己亥歲，兩聖人相繼生，故能平定天下。」先生曰：「然。」

先生嘗言：「祖宗之時，於人材長養成就之意甚懃也。」僕曰：「如何？」先生曰：「所謂長養成就，非如今學校之類也，但於人材愛惜保全之爾。譬如富家養山林，不旦旦伐之，乃可爲棟梁之具，若非理摧折之，及至造屋，無材可用也。是愛惜人材，乃人主自爲社稷計耳。神考之信任金陵是甚次第，而老先生號爲黨魁，故金陵以兩府啗之，欲絶其辭。然老先生是豈可以官職啗者也，故聞政府之命，其去愈牢。當時臺諫皆金陵之黨，遂醞造一件大事點污老先生。如霍光事。神宗謂金陵曰：『前日言章大無謂，司馬某豈有此事。』金陵請事目，神宗曰：『置之，讒言不足道也。』故老先生以端明爲崇福，退居於洛者十五六年，天下之望翕然歸之。至于元祐之初，主少國疑之際，一用老先生，天下無異論。儻神宗聽人言，以一二事污衊之，重責黨魁，以厲餘臣之異意者，雖天下知老先生無此事，而天下之士惡直醜正，或有疑者，則老先生之聲價豈得如此大。近來朝臣之出，必有言章醜惡之辭極力詆毁之，至今天下無一全人，萬一要個好人使，安可得也？此不是國家壞人，乃是自壞也。是以祖宗時有言事官出，即以言事不當責之，雖壞了官職，猶得此美名。近來言事之臣坐責，宰相多諭言官，令搜尋撰合事節污衊之，使之和直臣之名亦不能得。且人言事固不爲名，然中人以上，可以名節誘之而使其至。今權臣自知己之姦邪，欲天下之人須得如己之姦邪，而不肯以直臣之名與人，此最天下之大禍也。」

先生與僕論春秋，僕問：「西漢之時，左氏不立學官，何也？」先生曰：「西漢學者各有師授，一授之於師，則終身不變其説。公羊、穀梁出於漢初，故列於學官，而左氏後出，與二家大相戾，故不列於學官也。」僕曰：「春秋之説，不勝其煩，何也？」先生曰：「吾友之問是矣。仲尼門人皆受六經之義，而六經皆前世事，可以明言得失。至於春秋，所貶損皆當時君臣，有威權勢力，不可書見。故仲尼授弟子，弟子退而異言，故其説不勝其煩。公穀皆七十二賢弟子，其説皆有師承，非公穀自爲之也。公穀皆解正，春秋所無者，公穀未嘗言之，故漢儒推本以爲真孔子之意。然二家亦自矛盾，則亦非孔子之意矣。若左傳，則春秋所有者或不解，春秋所無者或自爲傳，故先儒以謂左氏或先經以起事，或後經以終義，或依經以辨理，或錯經以合異，然其説亦有時牽合。要之，讀左氏者，當經自爲經，傳自爲傳，不可合而爲一也，然後通矣。」僕曰：「然則讀春秋當取何法？」先生曰：「當於三家之中，取其長而有合於吾心者從之，或皆不取而自斷以己見，亦可也。然此事先儒或爲之，多失於穿鑿，以爲三家皆不可信，而吾於數千載後獨得聖人之微意。嗚呼！其誣先儒後世之罪大矣。至於唐時啖助，尤爲作怪，至於以謂左氏者，非左丘明也，乃論語孔子所引前世人老彭、伯夷等類，非同時人，所謂『左丘明恥之，丘亦恥之』者，左丘明非春秋左氏，而左氏別有名也，其妄意穿鑿，乃至如此。想見啖助當初立此新意，穿鑿之時，自謂可破萬世之惑，不知爲後世笑具也。吾友宜深戒之。」

先生嘗云：「西漢樂章，可齊三代，舊見漢禮樂志房中樂十七章，觀其格韻高嚴，規摹簡古，騷騷乎商周之頌。噫，異哉！此高帝一時佐命功臣，下至叔孫通輩，皆不能爲此歌，尋推其源，乃唐山夫人所作。服虔曰：『高帝姬也。』韋昭云：『唐山，姓也。』而漢初乃有此人，縱使竹竿、載馳，方之陋矣。然后妃傳中，乃獨不載，何也？」先生因曰：「興王之初，人材色色過人。且如唐太宗朝，將相固不可及。至伎藝之士，醫有孫真人，陰陽有李淳風、吕才，相法有袁天綱，亦後世不及也。」

先生問曰：「吾友亦嘗看佛書乎？」僕曰：「然。」先生曰：「凡看經者，當知其義。若但尋文逐句，即不通處，或起誹謗，或造祆幻，不若不看也。」僕曰：「何也？」先生曰：「法華經云：『或遭王難苦，臨刑欲壽終，念彼觀音力，刀尋段段壞。』言其性也。」先生因取楞嚴經指示僕，曰：「觀世音言：『令衆生於我生身心，獲十四種無畏功德。』『五者，薰聞成聞，六根銷復，同於聲聽，能令衆生臨當被害，刀段段壞，使其兵戈猶如割水，亦如吹光，性無摇動。』蓋割水吹光而水火之性不動摇耳，猶如遇害而吾性湛然，此乃得觀音無畏之力。所謂『刀尋段段壞』者，正謂是耳。」又云：「『七者，性音圓銷，觀聽反入，離諸塵妄，能令衆生禁繫枷鎖，所不能着。』謂人得無畏力，則雖被拘執而吾觀聽反入，而枷鎖不能爲害。故祖師被刑，云：『將頭迎白刃，一似斬春風。』而老黄龍住歸宗，又入牢獄，若此人者，刑殺枷鎖所不能害也。」先生又曰：「吾友可以此理諭於人，使後人不至謗佛也。」

先生嘗曰：「賢主言笑嚬呷〔一〕，足以移風俗。慶曆中，廣州有死蕃商没官珍珠，有司賤估其直，十分價中纔及一分，令郡官分買之，爲本路監司按劾，計贓並珍珠赴京師具案。既上，仁宗時於禁中閲之，且命取所估珍珠，上與宦官同閲，愛其珍異。張貴妃在側，意欲得之，上依所估價，出禁中錢易之，以賜貴妃。時禁中同列因是有於上乞旨和買，緣此京師珠價騰踴，上頗知之。一日，上於别殿賞牡丹，妃嬪畢集，貴妃最後至，乃以前日珍珠爲首飾，以誇同輩，欲至上前，上望見，以袖掩面曰：『滿頭白紛紛地，更没些忌諱。』貴妃慚赧，起易之，乃大悦，使人各簪牡丹一枝。自是禁中更不戴珍珠，價大減。」

先生因言：「公孫弘，姦詐人也，亦有長處，諫罷西南夷，不用卜式、郭解是也。且武帝之好征伐天下，皆欲諫而止之，而式身爲庶人，乃願以家財助邊以迎合人主，其後又欲父子死南越，帝由是移怒列侯不肯從軍，坐酎金失侯者百六人，實式激其怒也，故弘以式爲『非人情，不軌之臣不可以爲化而亂法』。且郭解以匹夫而奪人主死生之權，且聖人之作五刑，固有輕重，今一言不中意而立殺之，此何理也？考其唱此悖亂之風，解實爲之魁，故弘之言『解布衣爲任俠行權，以睚眦殺人，解不知，此罪甚於解知』。故老先生與某言此二事，以爲得大臣之體。」

先生曰：「老先生退居洛日，無三日不見之。一日見於讀書堂，老先生曰：『昨夕看三國志，識破一事。』因令取三國志及文選示某，乃理會武帝遺令也。老先生曰：『遺令之意如何？』某曰：『曹公平生姦，至此盡矣，故臨死諄諄作此令也。』老先生曰：『不然，此乃操之微意也。遺令者，世所謂遺囑也，必擇緊要言語付囑子孫，至若纖細不緊要之事，則或不暇矣。且操身後之事，有大於禪代者乎？今操之遺令諄諄累數百言，下至分香賣履之事，家人婢妾無不處置詳盡，無一語語及禪代之事，其意若曰：『禪代之事，自是子孫所爲，吾未嘗教爲之。』是實以天下遺子孫，而身享漢臣之名。此遺令之意，歷千百年無人識得，昨夕偶窺破之。』老先生似有喜色，且戒某曰：『非有識之士，不足以語之。』」僕曰：「非温公識高，不能至此。」先生曰：「此無他也，乃一『誠』字爾。老先生讀書必具衣冠，正坐莊色，不敢懈怠，惟以誠意讀之，且誠之至者可以開金石，況此虛僞之事，一看即解散也。某因此歷觀曹操平生之事，無不如此，夜卧枕圓枕、噉野葛至尺許、飲鴆酒至一盞，皆此意也。操之負人多矣，恐人報己，故先揚此聲以誑時人，使人無害己意也。然則遺令之意，亦揚此聲以誑後世耳。」

先生與僕論本朝名相。先生曰：「本朝名相固多矣，然最得大臣體者，惟李沆丞相。」僕曰：「何以明之？」先生曰：「李丞相每謂人曰：『沆在政府，無以補報國家，但諸處有人上利害，一切不行耳。』此大似失言，然有深意，且祖宗之時，經變多矣，故所立法度，極是穩便，正如老醫，看病極多，故用藥不至孟浪殺人。且其法度不無小害，但其利多耳，後人不知，遂欲輕改，此其害紛紛也。李丞相每朝謁奏事畢，必以四方水旱、盜賊、不孝、惡逆之事奏聞，上爲之變色，慘然不悦。既退，同列以爲非，問丞相曰：『吾儕當路，幸天下無事，丞相每奏以不美之事，以拂上意，然又皆有司常行、不必面奏之事，後告已之。』公不答。數數如此，因謂同列曰：『人主一日豈可不知憂懼也？若不知憂懼，則無所不至矣。』惟此兩事，最爲得體。在漢之時，惟魏丞相能行此兩事，以爲『古今異制，方今務在奉行故事而已』，奏故事詔書凡二十三事，『勑掾史案事郡國及休告從家還至府，輒白四方異聞，或有逆賊風雨災變，郡國不上，輒奏言之』，此最爲得宰相大體。後之爲相者則或不然，好逞私智，喜變祖宗之法度，欺蔽人主，惡言天下之災異。喜變法度則綱紀亂，惡言災異則人主驕，此大患也。」

先生曰：「老先生既居洛，某從之蓋十年。老先生於國子監之側得故營地，創獨樂園，自傷不得與衆同也。以當時君子自比伊、周、孔、孟，公乃以種竹澆花等事自比唐晉間人，以救其敝也。獨樂園子呂直者，性愚鯁，故公以『直』名之。有草屋兩間，在園門側，然獨樂園在洛中諸園，最爲簡素，人以公之故，春時必遊。洛中例，看園子所得茶湯錢，閉園日與主人平分之。一日，園子呂直得錢十千省，來納，公問其故，以衆例對，曰：『此自汝錢，可持去。』再三欲留，公怒，遂持去，回顧曰：『只端明不愛錢者。』後十許日，公見園中新創一井亭，問之，乃前日不受十千所創也，公頗多之。」

先生與余論國初取諸國次第。先生曰：「王朴論之詳矣，其言絶妙，雖論十年用兵先後難易，無一字不驗於後，此與韓信、諸葛武侯一等人也。」僕問：「河東之地最難取，故獨在後？」先生曰：「此固然矣，然有天道焉。太祖初爲歸德軍節度使，實在宋國，故號宋。且河東乃晉地也。昔高辛氏遷閼伯於商丘，主辰，今應天府是也。遷實沉于大夏，主參，今太原府是也。且參商不相能久矣，物不兩大，故國初但曰并州，不加以府號，蓋有深意也。又本朝收河東在戊寅年重午日，乃火土旺日，此參水神所忌，故克之。時宋受命已十九年矣，而晉始服，是以本朝盛則後服，衰則先陷，吾友可記之。天下有變而河東必先非我所有，顧老夫不復見也。」先生又云：「其事不遠，但不欲言之。」言畢，色慘然者久之，僕不敢再問。後至靖康之禍，僕愈信先生之言。靖康元年丙午歲重九日，太原陷，而晉地之屬本朝纔一百四十九年。噫，先生可謂先知矣！僕又妄意測之，曰：丙午爲天水，故火最大忌，又中國陽也，夷狄陰也。故晉出帝之事亦在於丙午、丁未年，此可驗也。且九爲陽之極數，故太原以重九日陷，又淵聖爲第九世，而即位之年正一百六十六年，此蓋漢書所謂『陽九之厄，百六之會』也，可不信夫？嗚呼，靖康之事，雖由人謀不臧，天道亦昭昭矣。故僕因先生之言而備載之。

先生曰：「書傳之間有大害事者，若卜世卜年之類是也。」僕曰：「何以言之？」先生曰：「先王之有天下，日慎一日，而惟恐其不終。故書曰『天難諶，命靡常』，詩曰『天命靡常』，此文、武、周公之書也，豈有預爲歷世長久之説，以數告子孫，使子孫倚恃天命、恣爲淫虐而不懼於危亡乎？」僕曰：「若是則王孫滿之言妄矣。」先生曰：「蓋有説也。當楚子問鼎之時，王室之威不能制也，天子之德不能懷也，故假天命神告之事以拒之，且曰：『卜世三十，卜年七百。』而今尚未也。不然，則文、武、周公之志荒矣。」僕退檢史記，武王滅商至定王二十世，凡四百二十年。故史記云：「王使王孫滿應設以辭，楚兵乃去。」蓋使之以事以拒其言也。僕後以此質於先生，先生曰：「然。」

先生嘗言：「某初見老先生求教，老先生曰『誠』。某既歸，三日思『誠』之一字，不得其門。

因再見，請問曰：『前日蒙教以誠，然某思之三日，不得其説，不知從何門而入。』老先生曰：『從「不妄語」中入。』某自此不敢妄語。」先生曰：「且六經之中，絶無『真』字，所謂『誠』即『真』也。故古者君臣、師弟子之間，惟是誠實，心中所欲言者即言之。故冉求曰：『非不説子之道，力不足也。』子路曰：『有是哉，子之迂也。』宰我欲短喪，自謂：『期可已矣。』子曰：『食夫稻，衣夫錦，於汝安乎？』曰：『安。』且今有士人於此，必不肯自謂學而力不足也，必不肯面質其師之迂也，必不肯自謂居喪而安於食稻衣錦也。彼三人者，皆孔子高弟，而其言如此者，以其出於至誠也。西漢之初，去古未遠，人心質朴，惟務純實，更無忌諱。文帝時，賈誼上疏曰：『生爲明帝，没爲明神，顧成之廟稱爲太宗。』元帝時，翼奉上疏曰：『萬歲之後，稱爲高宗。』蓋當時群臣，凡心中所欲言者即徑言之，不以其言爲不可發也。蓋君臣之誠，故能如此。」先生又曰：「天下詐僞之風甚矣，以某從少至老觀之，誠實之風，幾乎一日衰於一日，一年衰於一年。方今夫婦、兄弟、父母之間，猶相諂諛也，相欺詐也，況於君臣、朋友之間乎？且君臣、父子、兄弟、夫婦、朋友，只是一個道理，若一處壞即皆壞矣，此風大可畏。當其禍亂未作時〔二〕，猶一切含糊，不見醜怪。若萬一有大禍亂，則君臣之間，無所不至矣。故賈誼有言：『見利則逝，見便則奪。』主上有敗，即因而挻之矣；主上有患，則吾苟免而已，立而觀之耳；有便於吾身者，則欺賣而利之耳。』凡此種種，他日吾友將見之。」

先生與僕論詩至國風，先生曰：「讀詩者當求其意，不當求其義。若求其義，或失之穿鑿，若求其意，則可見古人用心處也。且如黍離之詩，某嘗見老先生言唯劉炫之説最善，其説以謂凡人之情於憂樂之事，初遇之則其心變焉，次遇之則其心微變，三遇之則其情如常矣，此人之常情也。至於君子忠厚之情則不然。其行役也，往來固非一見之也。初見稷之苗矣，又見稷之穗矣，又見稷之實矣，而感傷之心終始如一而不少變焉，此詩人之意也。若以謂視苗以爲穗，視穗以爲實，則失之遠矣。」又云：「孔子時詩，今不可得而見之，且以論語考之，今碩人之詩，尚無『素以爲絢兮』一句，則知孔子時詩亡矣。蓋漢之初，出於秦火之後，諸儒所傳不一，時有三家，魯詩本之申公，齊詩本之轅固，韓詩本之韓嬰，三家皆列於學官，置博士弟子員講説之。又有毛公之學，自謂子夏所傳，獨河間獻王好之，不得列於學官，至後漢大儒馬、鄭輩好之，遂行於世，而三家之説廢矣。」先生又曰：「漢四家詩各有短長，未易一概論。某嘗記少年讀韓詩，有雨無極篇，序云：『正大夫刺幽王也。』首云：『雨無其極，傷我稼穡。浩浩昊天，不駿其德。』如此類者不可勝舉。」因曰：「詩中云『正大夫離居』，豈非序所謂『正大夫』乎？」先生曰：「然。凡此事但欲吾友知耳，若又以先儒爲非，則啓後生穿鑿，害愈大矣。」

先生與僕論淮陰、武侯二人不同。若論人品，則淮陰不及孔明遠甚，若論功業，而武侯何寥寥也。僕曰：「西南者，漢始終之地也，故漢起於西南而卒終於此。而淮陰當漢之初興，故能卓卓如此，而武侯之時，火將燼矣，故無所成也。」先生曰：「此固然矣。然淮陰所以得便宜者，以平日名太卑，而武侯所以無成者，以平日名太高也。淮陰有乞食跨下之辱也，而武侯即隱於隆中，而當時謂之『卧龍』，此一事也。又淮陰既從項梁，又事項羽，又歸漢，而武侯則必待三顧而後起，此又一事也。又楚漢之時，用兵者皆非淮陰之敵而嘗易之，故淮陰能取勝也。三國之時，若司馬仲達輩，乃武侯等輩人也，而又素畏孔明，故武侯不能取勝也。譬如弈碁，有二國手，一國手未有名，而對之乃低碁，不知其爲國手而嘗易之，故狼狽大敗。有一國手已有名，對局者亦國手而差弱焉，謹以待之，故勝敗未分也。且淮陰既平魏、趙，而功業如此，其卓犖也，而龍且尚且輕之，曰：『吾平生知韓信爲人，易與耳。寄食於漂母，無資身之策；受辱於跨下，無兼人之勇。』以淮陰平日名素卑也。孔明與司馬宣王對壘，不能取尺寸地，宣王受其巾幗之辱而不敢出兵，至其已死，按行軍壘，猶曰『天下奇材也』，故當時有『死諸葛走生仲達』之嘲，以孔明平日名素高故也。人品高下不同，而其功業反相去之遠者由此。」

先生問僕近讀何書，僕對以讀西漢到酷吏傳。先生曰：「班氏特恕杜、張，何也？」僕曰：「太史公時，湯、周之後未顯，至班氏獨以爲有子孫之贖父罪，故入列傳。」先生曰：「孟子云：

『名之曰幽、厲，雖孝子慈孫，百世不能改也。』而班氏固輒没其酷吏之名，何也？」僕曰：「世之論者，以謂二人皆有意。太史公之意，欲以教後世人臣之忠；班氏之意，欲以教後世人子之孝。」先生曰：「此固然也，然班固於此極有深意。張湯之後，至後漢猶盛，有恭侯純者〔三〕，雖王莽時亦不失爵，至建武中，歷位至大司空，故班固不使入酷吏傳，以張純之故也。」僕曰：「是時杜氏之絶已久，而亦不入酷吏傳，何也？」先生曰：「杜、張，一等人也。若獨令張湯入列傳，則世得以議已，故並貸杜周，此子産立公孫洩之義也。」僕退而檢左氏：鄭卿良霄，字伯有，既死爲厲，國人大懼，子産以謂：「鬼有所歸，乃不爲厲。」乃立公孫洩、良止以止之。公孫洩，子孔之子也。良止，良霄之子也。鄭殺子孔，子孔雖不爲厲，故亦立之。且伯有以罪死，立後非義也，恐惑民，故立洩，使若自以大義存誅絶之後，不因其爲厲也。僕以先生之言深得班固之意，故詳載之。

先生與僕論西方用兵。先生曰：「天下之大禍，莫大於用兵之成敗，而人主爲左右所蒙蔽而不知也。老先生居於夏縣之私第，日夕在賜書閣讀書。一日大喜，謂其兄旦曰〔四〕：『某昨夕讀輪臺詔，方知漢武帝用兵之久而中國不亡，蓋每遣將之出，而成敗勝負輒以實上聞，而無毫髮不知者，故天下之柄，皆歸於人主，而不爲左右欺罔，此所以行兵三十年而中國不亡。』」某取漢書考之，信而有徵。

先生一日問僕：「頗能圍棊否？」僕對以：「亦嘗爲之，終不高，故雖與人對局，亦復嬾爾。」先生曰：「棊中有一事，今與公論之。某嘗見高棊云：『高低棊不甚相遠，但高棊識先後着耳。若低棊即以後着爲先着，故敗。』昔有高棊曰漢高帝，方黥布以窮來歸，故洗足不起，以挫其鋭，布欲自殺，後見張御從官如漢王，則又大喜過望，此識先後着也。又有低棊曰梁武帝，方侯景以窮來歸，遽裂地而王之，其後景凡有所須，輒痛挫抑之，故景反而梁亡，此以後着爲先着也。」先生又曰：「圍棊有過行者，必須皆是高棊，而當局者爲利害所昏，故藉傍人指之爾。若低棊雖是提耳而明告之，亦不悟也。昔漢高帝聞韓信欲爲假王，輒大怒慢罵，良、平躡足〔五〕，此過行法也。且高帝、良、平見處不甚相遠，但高帝當局而迷爾。使良、平遇暗主，雖累千萬言，亦何益哉？」

先生與僕論難子産。先生曰：「子産長於孔子三十五歲，孔子以兄事之。且以鄭蕞爾之國，又時有群臣之亂，其後得子産，然後鄭乃定。然子産之爲相，時晉、楚漸向衰矣，又能事晉、楚大夫，故終子産之世，可保無事。然鄭區區小國，攝乎大國之間，能自保已爲難，若妄作則滅亡矣，故傳稱『子産善相小國』，謂此也。」僕退而考十二國表，皆如先生之言。子産長於孔子三十五歲，且孔子以魯襄公二十二年庚戌生，推而上之，得鄭悼公元年，歲在乙亥，而子産生。簡公之三年，子駟當國，子耳爲司空，子孔爲司徒。冬十月，尉止等作亂，攻執政于朝，而子産討平之，時年二十四矣。簡公之十二年丁未，子産爲卿，時年三十三，雖爲卿而在衆卿之下，未得用事。至二十二年，季札適鄭，謂子産曰：「政將歸子。」二十三年，鄭有良宵之亂，子産平之，始爲政。史記年紀聲公五年子産卒。左氏昭公二十年，鄭子産有疾，疾數月而卒，乃鄭定公之八年也。其去聲公之五年，乃隔二十五年，不應如此懸遠，恐有一誤也。鄭悼公之元年乙亥至定公八年庚辰計六十五年，若至聲公五年乙巳計九十一年。當鄭釐公之時，方晉悼公、楚共王争爲盟主，而鄭在二大國之間，朝從楚盟，晉師暮至，暮從晉盟，楚師朝至，故鄭之群臣以玉帛待於境上，而求强者庇焉，無寧歲矣。及子産爲政之時，晉悼公已薨矣，平公嗣位，志不在於諸侯，六卿更用事而公室用矣。當是時，楚有郟敖之難，繼以靈王、平王之亂，而楚衰矣。而子産又能得晉、楚大夫之驩心，許其更相朝晉、楚。故簡公之二十七年，夏如晉而楚不問也，冬如楚而晉不怒也，以故鄭不受兵者數十年，雖曰子産之功，亦值其時適然也。或有疑孔子、子産之年不應相去如此，然子産平尉止之亂乃襄公之十年，後十三年孔子生，則可知矣。昭公二十五年，晉趙簡子問禮于子大叔，大叔對曰：「吾也先大夫子産。」云云。

先生論及高帝功臣屠狗販繒之徒，呼「繒」字與「錫」相近。僕時聽過不曾上請，後檢灌嬰傳注，但云「帛之總名」而已。續於韻略檢之：「慈陵切。」注云「帛也」。「增，咨登切。」以「繒」爲「增」，誠非也。餘按尚書「厥篚玄纖縞」注云：「玄，黑繒。縞，白繒也〔六〕。纖，細也。」釋文云：「似凌切。」然韻切爲「慈陵」〔七〕，不若「似陵」之近也。「餳」字乃「耕」字韻中，「徐盈」則與「似凌」不相類，但聲相近耳。

校勘記

〔一〕賢主言笑嚬呷：「賢主」原作「賢王」，據張儒本、明解本、嚴肅本及苕溪漁隱叢話卷一九引元城先生語録改。「嚬呷」，苕溪漁隱叢話卷一九引元城先生語録作「嚬呻」，似是。

〔二〕當其禍亂未作時：「當其」原作「常宜」，張儒本、明解本、嚴肅本皆作「當其」，據改。

〔三〕恭侯純：據後漢書卷三五張純傳，其謚號爲節侯。

〔四〕謂其兄旦曰：「旦」原作「且」，張儒本、明解本、嚴肅本皆作「旦」，又據宋史卷二九八、卷三三六，司馬光之兄爲司馬旦，據改。

〔五〕良、平躡足：「足」原作「之」，張儒本、明解本、嚴肅本皆作「足」，史記淮陰侯列傳云：「張良、陳平躡漢王足。」據改。

〔六〕縞白繒也：「縞」字原脱，據尚書注疏卷六補。

〔七〕然韻切爲慈陵：據上文，疑「韻」下缺「略」字。

卷下

先生嘗謂僕：「本朝官制多循唐時，蓋以其相近也，然獨有一事乃用漢制，深得治體。」僕曰：「何也？」先生曰：「唐制，諸道帥臣兼觀察之權，故藩鎮擅權，無人糾舉，必待罪惡暴著，然後朝廷治之，則害物已多矣。是以江南觀察使即宣帥、越帥爲之，荆湖觀察使即潭帥、鄂帥兼之，其餘諸道，亦復如此。至於本朝，即以前宰相、執政、從官爲帥，恐其權太重，則以有清望、官有風采者爲監司以糾之，然不過臺省、寺監官，如有藩臣一事不法，即行按劾，故不敢爲非，不待朝廷治之而後有忌憚也。漢元封五年，初置刺史，部十三州，秋分行部郡國，秩纔六百石爾。且漢制，萬户以上縣令秩千石至六百石，今刺史之秩乃在千石縣令之下，其秩卑矣。然刺史之權極重，以六條問事，一條謂强宗豪右，其五條皆謂二千石不法，且秩低，則其人激昂自進，假以重權，則能行其志，此良法也。成帝綏和元年更名『牧』，秩二千石，其法隳矣。故唐觀察使，則綏和之制也。本朝監司，即元封之制也。然則不深知古今治亂者，豈可輕變前人法度哉？又本朝不獨監司如此，又取天下清德名望骨鯁之士以爲臺諫，使宰相不敢爲非，亦此意也。」

僕一日上謁先生，坐定。先生曰：「今日夏至。」僕對曰：「然。」先生曰：「天道遠矣，六陽至此而極，萬物繁鮮，可謂盛矣。然一陰已生於九地之下，他日天地沍寒，肅殺萬物，蓋從今日始。」僕曰：「陰陽消長之理當如是。」先生曰：「物禁大盛者，乃衰之始也。正如齊自太公以來，無盛於元公之時〔一〕。元公七年始霸而會諸侯，至十四年，陳公子元來奔〔二〕，是年歲在己酉，而不知有齊國者，由此人也。又經三己酉，至齊簡公之四年，歲在庚申，田常弒其君，遂專齊國。後二年，楚滅陳。自己酉至庚申一百九十二年〔三〕，其事始驗。」僕因對曰：「某觀漢宣帝時事，正與先生之言合。甘露三年，呼韓邪單于稽侯狦來朝，此漢極盛時也。是年，王政君得幸於皇太子，生成帝於甲觀畫堂，爲世適皇孫，此新室代漢之兆也，豈不如夏至一陰生之類乎？」先生曰：「是則然矣。然漢再受命，已見於景帝生長沙定王發之時，則其朕兆固以久矣。」僕又問曰：「事之廢興既皆有數，而人事無益乎？」先生曰：「不然，聖人有所謂知命，有所謂言命。子罕言命，又曰：『不知命，無以爲君子。』但聖人知而不言，若不知命尚不可爲君子，況聖人乎？若知而言之，是教天下後世不脩人事，一本於命，綱紀大壞，賞罰無章，生靈至於無噍類，其禍固有不可勝言者矣。」良久，先生曰：「天下之事似非偶然，太平之時君臣會合，正如春夏用事，自然有和風時雨來相輔佐，生成萬物。及其衰也，君臣會合正如秋冬用事，自然有嚴霜烈風來相輔佐，肅殺萬物。蓋各有其時，非偶然也。」先生言畢，慘然久之，僕知其意有所在也，遂不敢復問。

先生嘗云：「左氏惟論一時小小可喜之事，獨不論天下大體。」僕曰：「何也？」先生曰：「且以伐原一事論之，左氏以論伐原而示之信。且原者何也？天子之邑也。天子之邑，文公何爲而伐之？蓋文公以兵逼而取之也。且晉既定王室之難而請隧，故周人辭之，曰：『王章也。未有代德而有二王，亦叔父之所惡也。』與之陽樊、温、原、攢茅之田。且晉文之請隧，非真欲請之也，示欲逼周取天下，若楚莊王之問鼎也。故周人窺見其意而辭之，以謂晉文未有代周取天下之德，而乃有二王。既而周人不得已而與之田，名曰與之，其實逼天子而奪之，何以知其然耶？其圍陽樊，人呼曰：『此誰非王之懿親，其俘之也？』乃出其民。且陽樊之人，往往皆天子之親，而晉欲俘之，嗚呼，其不臣也已，故既圍陽樊，又復圍原。以此可見天子之邑，不欲屬晉，而晉以兵威逼而取之也。而左氏復以爲美，何哉？且王室都洛，而原乃今武原也，今晉以兵圍而取之，其逼王室甚矣。且王室之難，有時也，而王畿之地，有時而盡。今晉文公之有功，宜如文侯仇受賞于平王之禮，而乃以兵伐取其地，此周之所以愈弱也。且天子曰『萬乘』，諸侯曰『千乘』，蓋言以大制小，以强服弱。今王畿之狹如此，是晉能定王室一時之難，而貽成周無窮之禍也。蓋東西二周通封畿，宗周，鎬京也，地方八百里，八八六十四，爲方百里者六十四也。雒邑，成周也，地方六百里，六六三十六，爲方百里者三十六也。二都得方百里者百，爲方千里也，故詩曰『邦畿千里』，東西長而南北短，短長相覆爲千里，此周武王時也〔四〕。至幽王時，宗周滅，所謂方八百里者，失之也。及平王東遷洛邑，財方六百里爾。至襄王時，以河内賜文公，又爲諸侯所侵，故其地至小。然則文公之伐原，乃文公至不美之事，而左氏乃反稱之，何也？故某以謂只論一時小小可喜之事，不論天下大體。」

先生與僕論熙寧殿試用策時，先生曰：「詩賦、經術，皆是朝廷一取人之科目耳。使如三代、兩漢、魏晉之時，采取名譽，豈不得人？然奔競矯激之風勝矣，故以言取人，示公道也。殿試之用詩賦、策問，固無優劣，人但見策問比之三題似乎有用，不知祖宗立法之初，極有深意。且士人得失計較爲重，豈敢極言時政闕失，自取黜落，或居下第，必從而和之，是士人初入仕而上之人已教之諂也。儻或有沽激慷慨直言之士，未必有益。故元和初，牛僧孺、李宗閔、皇甫湜對策，極詆時政，緣此紛争，分牛、李之黨，爲縉紳之禍者幾五十年，以此足可知也。蓋朝廷設科目，無有難易，苟只以四句詩取人，人來應，亦有得有失，或使之盡治五經、十二史，人亦來應，亦有得有失。況登科之初，未見人材，及後仕宦，則其材智名聲、君子小人，貴賤分矣，不必須得殿試策可以别人材也。敦厚浮薄，色色有之，唐文宗之言至矣。」先生嘗云：「人主之職，在於用人，苟能平日有術以采聞之而皆爲我用，則其運天下有餘裕矣。倪寬爲廷尉卒史，見謂不習事，不主曹，乃之北地視畜牧耳，及爲疑奏，張湯始奇之，上問：『誰爲之者？』湯言倪寬，上曰：『吾固聞之久矣。』又蕭望之爲治禮丞，上疏，宣帝自在民間聞望之名，曰：『此東海蕭生耶？』且寬身爲廷尉卒史，而廷尉以下皆不知之，而天子深居九重，乃久聞其名，則武帝之聰明，過群臣遠矣。且宣帝以少年在民間，鬭鷄走馬，日游三輔，而當時賢人與民疾苦皆知之，蓋留心久矣。故二主卓然爲漢賢主，必有大過人者。故爲人主，不能有術以自知天下豪傑，惟左右權臣佞幸之是聽，烏能起太平之治哉？」僕因問曰：「然則人主用何術可以知之？」先生曰：「若使天下之士，凡有言者，皆得達於上，又人主於燕間之時，於其等輩，廣訪而備問之，然後博記而審察之，天下無遺材矣。」

先生與僕論左氏，先生曰：「祁奚請老，外舉其讎，内舉其子，是也。而謂之請老，非也。晉悼公之三年，乃魯襄公之三年，祁奚請老而舉解狐，又舉祁午。後十八年，晉平公之七年，乃魯襄公二十二年〔五〕，晉討欒氏之難，因叔向，叔向曰：『救我者必祁大夫，祁大夫外舉不棄讎，内舉不失親，其獨遺我乎？』於是祁奚老矣，聞之，見宣子而免之。儻以七十而請老，至此年幾九十矣，雖不足怪，然不若史記之所載也。」因取史記示僕，晉世家悼公之三年，晉會諸侯，公問群臣之可用也，祁奚舉解狐，又舉祁午。先生曰：「據此，則是時祁奚未必七十而請老也，但舉群臣之中可用者耳，當以世家爲正。」

先生與僕論作史之法。先生曰：「新唐書叙事好簡略其辭，故其事多鬱而不明，此作史之敝也。且文章豈有繁簡也，意必欲多，則冗長而不足讀，必欲其簡，則僻澀令人不喜讀。假令新唐書載卓文君事，不過止曰『少嘗竊卓氏以逃』，如此而已。班固載此事乃近五百字，讀之不覺其繁也。且文君之事，亦何補於天下後世哉？然作史之法，不得不如是，故可謂之文。如風行水上，出於自然也，若不出於自然，而有意於繁簡，則失之矣。唐書進表云：『其事則增於前，其文則省於舊。』且新唐書所以不及兩漢文章者，其病正在此兩句也，又反以爲工，何哉？然新舊唐史各有長短，未易優劣也。」

先生嘗謂僕曰：「漢諸儒所傳六經，與今所行六經不同，互有得失，未可以偏辭論也。王嘉奏對事：『臣聞咎繇戒帝舜曰：「亡敖佚欲有國，兢兢業業，一日二日萬機。」』師古曰：『虞書咎繇謨之辭也。言有國之人不可敖慢逸欲，但當戒慎危懼，以理萬事之機也。敖音傲。』今尚書乃作『無教逸欲有邦』，恐『敖』字轉寫作『教』字耳。若謂天子無教，諸侯佚欲，恐或非也。」先生又曰：「似此等類，六經中甚多，要無令俗子知，恐生謗議爾。」

先生嘗曰：「難哉，人臣之事君也。既自知己之所能爲，又須知君之所能爲，若不知而直前，未有不受禍敗者也。且如蕭望之爲太子太傅八九年，固當深知元帝之爲人，及元帝即位，乃欲逐去許、史、恭、顯等，夫望之雖爲師傅，然比之許、史，則其情疏矣。且能聽疏臣之言以逐親愛，自古人君止一人能之，秦昭王也。且宣帝何如主也，猶且委任宦官，蓋寬饒一觸而殺其身，則其權可知矣。元帝至昏庸也，其視昭王、宣帝，猶天冠地履也，是豈能去許、史、恭、顯哉？故恭、顯譖堪、更生下獄。時元帝初即位，不省『謁者召至廷尉』爲下獄，後上召堪、更生，曰：『繫獄。』上大驚曰：『非但廷尉問邪？』且望之久爲太傅，知太子仁柔，宜以知術輔導之，使洞曉天下之事，然後可以爲人主。今乃懵然無知如此，不知望之八九年間，所以輔之者，何等事者也，亦不容無罪矣。鼂錯誠非長者，然言亦可取，嘗上疏云：『皇太子所讀書多矣，而未深知術數。』此亦不爲無理。故凡人之性明鋭者，當輔以寬和謙沖之道，其性仁柔者，當輔以發强剛毅之術，如此乃有貴於學矣。」

先生與僕論官制，因言及玉堂故事。先生曰：「且如『玉堂』兩字，人多不解。太宗皇帝常飛白題翰林學士院，曰『玉堂之廬』，正字犯英廟諱。蓋此四字出於李尋傳。且玉堂，殿名也，而待詔者有直廬在其側，李尋時待詔黄門，故曰：『久汙玉堂之廬。』至英廟嗣位乃徹去。及元豐中，有翰林學士上言乞摘去二字，復榜院門，以爲臣下光寵。詔可。是乞以殿名名其院也，不遜甚矣。」僕退而檢漢書，蓋漢之待詔者，或在公車，或在金馬門，或在宦者廬，或在黃門。時李尋待詔黃門，哀帝使侍中往問災異，對曰：「臣尋位卑術淺，過隨衆賢待詔，食太官，衣御府，久汚玉堂之廬。」師古曰：「玉堂殿在未央宮。」然制度不見其詳，獨翼奉傳略載之。奉嘗上疏曰：「漢德隆盛，在於孝文皇帝躬行節儉，外省繇役。其時未有甘泉、建章及上林中諸離宮館也。未央宮又無高門、武臺、麒麟、鳳凰、白虎、玉堂、金華之殿，獨有前殿、曲臺、漸臺、宣室、承明耳。」以此考之，則玉堂殿乃武帝所造也。僕後以問先生，先生曰：「然。」

後數日，僕問先生曰：「高帝七年，蕭何治未央宮，立東闕、北闕、前殿、武庫、太倉，上見其壯麗，甚怒，謂何曰：『天下匈匈勞苦數歲，成敗未可知，是何治宮室過度也？』何曰：『天下方未定，可因以就宮室。且夫天子以四海爲家，非令壯麗亡以重威，且亡令後世有以加也。』上說。」僕怪蕭何如此，乃吟一絶云：「創業艱難尚爾爲，太平奢侈可前知。欲令後世無能過，可笑蕭何爾許癡。」僕因舉此詩，先生笑曰：「此則固然，然何之意深矣。高帝、項王皆楚人，豐沛臨淮，相去至近，二人之心豈一日忘山東哉？羽見秦地皆已燒殘，乃思東歸，使其如昔日之盛，未必不都關中也。漢五年夏，雖自雒陽駕之關中，然長安宮殿未成，寄治櫟陽，又高帝之在關中，無幾時矣。五年秋，親征臧荼，復至洛。六年十二月，取韓信，還至雒陽。七年冬十月，自征韓信，又自雒陽至長安，時宫闕已成，乃自櫟陽徙都長安，則高帝都長安之心方定矣。然何欲順適其意以就大事，不欲令窺其秘也，故假辭云云，此何之深意也。而史氏見蕭何之意，又不欲明言之，又不欲不言之，乃書『上説』兩字，以見高帝在何術中，而且樂都關中也。」

先生又曰：「吾友，後生未可遽立議論以褒貶古今，蓋見聞未廣而涉世淺故也。且如孔子，萬世師也，方孟僖子且死，戒其嗣懿子師孔子，時孔子年尚少也。又齊景公、晏子適魯問禮，時孔子方年三十。其後，孔子年五十餘方歷聘諸國，十四年而歸魯，時孔子年六十三歲，乃始删詩、定書、繫周易、作春秋，只數年間，了却一生著述。蓋是時學問成矣，涉世深矣，故其著述始可爲後世法。譬如積水於千仞之源，一日決之，滔滔汩汩，直至于海，其源深也。若夫潢潦之水，乍流乍涸，終不能有所至者，其源淺也。古人著書多在暮年，蓋爲此也。」

先生與僕論易，僕曰：「所謂爲文言者，真孔子之所作乎？」先生曰：「其中有孔子之言，未必皆孔子之作也，蓋先儒以此釋經也。」僕曰：「何以實之？」先生因取左氏示僕：「襄公九年，穆姜薨於東宫。始往而筮之，遇艮之八。史曰：『是謂艮之隨，隨其出也，君必速出。』姜曰：『亡，是於周易曰隨卦。』元，體之長也。亨，嘉之會也。利，義之和也。正，事之幹也〔六〕。體仁足以長人，嘉德足以合禮，利物足以和義，正固足以幹事。然故不可誣也，是以雖隨無咎。且孔子生於襄之二十二年，當穆姜爲此言時，吾聖人未生。又左氏以解隨卦，周易以解乾卦。又『元，體之長也』，蓋謂人之元首，其義尤親，切於『善之長』云。」

先生嘗言：「子弟固欲其佳，然不佳者未必無用處也。元豐二年秋冬之交，東坡下御史獄，天下之士痛之，環視而不敢救。時張安道致仕在南京，乃憤然上書，欲附南京遞，府官不敢受，乃令其子恕持至登聞鼓院投進，恕素愚懦，徘徊不敢投。久之，東坡出獄。其後東坡見其副本，因吐舌色動久之，人問其故，東坡不答。其後子由亦見之，云：『宜吾兄之吐舌也，此事正得張恕力。』或問其故，子由曰：『獨不見鄭昌之救蓋寬饒乎？其疏有云「上無許、史之屬，下無金、張之托」，此語正是激宣帝之怒爾。且寬饒正以犯許、史輩有此禍，今乃再訐之，是益其怒也。』且東坡何罪，獨以名太高，與朝廷爭勝耳。今安道之疏，乃云『其實天下之奇材也』，獨不激人主之怒？時急救之，故爲此言矣。」僕曰：「然則是時救東坡者，宜爲何説？」先生曰：「但言本朝未嘗殺士大夫，今乃開端，則是殺士大夫自陛下始，而後世子孫因而殺賢士大夫，必援陛下以爲例。神宗好名而畏義，疑可以此止之。」

先生曰：「某之北歸，與東坡同途，兩舟相銜，未嘗三日不相見。嘗記東坡自言少年時，與其父並弟同讀富鄭公使北語録，至於説大遼國主云：『用兵則士馬物故，國家受其害；爵賞日加，人臣享其利。故凡北朝之臣勸用兵者，乃自爲計，非爲北朝計也。』虜主明知利害所在，故不用兵。三人皆嘆其言，以爲明白而切中事機。時老蘇謂二子曰：『古人有此意否？』東坡對曰：『嚴安亦有此意，但不如此明白。』老蘇笑以爲然。」先生又云：「前輩讀書，例皆如此，故謂之學問必見於用乃可貴，不然即腐儒爾。武帝時，嚴安上書諫用兵，其略云：『今徇南夷，朝夜郎，深入匈奴，燔其龍城，議者美之，此人臣之利，非天下之長策也。』鄭公之言，其源出於此。」

先生與僕論曆法，嘗曰：「古今曆法各不同，其閏法亦從而異。秦用顓帝之曆，水德王天下，以十月爲歲首，故遇閏年即閏九月，而謂之後九月，蓋取左氏『歸餘於終』之意。至於漢初，因而不改。」先生因命取史記秦楚之際月表示僕，二世二年後九月，徐廣曰「應閏建酉」；漢二年後九月，徐廣曰「應閏建巳」；漢五年後九月〔七〕，徐廣曰「應閏建寅」。蓋徐廣推曆以謂此三年合閏八月、四月、正月，以「歸餘於終」，故閏九月也。非獨如此，高后八年七月，高后崩，群臣既誅諸呂，迎立代王，閏月己酉，王即皇帝位。元年十月辛亥，皇帝見于高廟。且己酉、辛亥，相去三日，已隔一年，則知閏月者，乃後九月也。僕曰：「書云：『以閏月定四時成歲。』謂之定四時，則是四時之間有閏也。」先生曰：「非也，蓋謂無閏月則以春爲夏、以夏爲秋矣，故曰定四時，非謂四時之間有閏月也。」

先生與僕論唐十一族事，先生曰：「甘露之事，蓋亦疏矣，考其時，乃太和九年十一月二十一日也。是時李訓謀以甘露降於禁中，詔百官入賀，因此欲殺宦官。且十一月末豈甘露降之時耶？其謀之疏想見，大抵色色如此。某意宦官知此謀久矣，故不可得而殺也。且天下之事，有大於此者乎？凡可以救死，無不爲也。若當時只貶黜之，其禍未必至此，今乃以死逼人，而疏略如此，宜其敗也。易曰：『君不密則失臣，臣不密則失身，幾事不密則害成。』聖人之言信矣。」先生又言：「是時凡覆十一族，而王涯者，年過七十，不能引退，而與小人同位，故雖不預謀，顧彼宦官安知之，其遇禍也宜哉。且涯自言留心太元經久矣〔八〕，始於正元十二年丙子〔九〕，至元和四年己丑凡十四年，亦嘗作爲文字，後二十六年乃有甘露之禍。且太元惟以進退消息爲說，涯知其說而不能行，何也？故曰：『知之非艱，行之惟艱。』」

先生嘗言：「魏徵傳稱『嘗仆所爲碑，停叔玉昏，顧其家衰矣』，此言非也。鄭公之德，國史可傳，何賴於碑？而停叔玉昏，乃天以佑魏氏也。房玄齡之子遺愛因尚主，遂爲房氏大禍，始以淫蕩敗其家法，而終滅其族。」僕後考魏氏之譜，鄭公四子叔玉、叔瑜、叔琬、叔珪，而叔瑜生莘，莘生商，商生明，明生馮，馮生謩，至此五世矣。使其家尚主，而其禍或若房氏，豈有再振之理。先生曰：「停叔玉昏，乃天以佑魏氏，於斯信矣。」

先生嘗曰：「宰相之任，難哉！自古以來，不負謗者少矣。元載既誅，時望歸劉晏，代宗懲前事，遂擢太常卿楊綰、禮部侍郎常衮爲相，時大曆十二年乙巳歲四月壬午〔一〇〕，至七月己巳綰薨，相去纔一百八日矣。然綰之名望如此，藉使不死，假之歲月，或恐建立又過於此，或曰非也。當時綰、衮齊名，衮至此年閏五月甲戌方罷〔一一〕，故物議如此，至目爲『黯伯』。則綰之早亡，未必爲不幸也。蓋權者人所嫉，持權既久而亡所建立，其被謗也，不亦宜哉。」

先生一日與僕論左氏絳縣老人之歲，僕曰：「已嘗考之，不能盡解。」先生曰：「老先生修資治通鑑日，劉貢父兄弟皆預討論，時二人性好古書古字，之於左傳、史記、西漢尤其所長。□常以此事問之〔一二〕，貢父曰：『亥字須依古亥字解之，然後可通。』今因吾友之問，當分付之。」先生乃取左氏、史記並紙筆於卓子上，再三箋注，且曰：「非好古者不足與語也，僕秘之久矣。」又恐因而泯滅，輒著於後。魯襄公三十年，晉平公十五年。三月癸未，晉悼夫人食輿人之城杞者，絳縣人或年長矣，無子而往，與於食。有與疑年，使之年，使言其年。曰：「臣小人也，不知紀年。臣生之歲，正月甲子朔，四百有四十五甲子矣，其季於今三之一也。」所謂正月，謂夏正月也。三分六甲之一得甲子、甲戌，盡癸未。吏走問諸朝。皆不知，故問之。師曠曰：「魯叔仲惠伯會郤成子于承匡歲也。在文十一年。是歲也，狄伐魯，叔孫莊叔於是乎敗狄于鹹，獲長狄僑如及虺也、豹也，而皆以名其子。七十三年矣。」叔孫僑如、叔孫豹皆取長狄名。史趙曰：「亥有二首六身，史趙，晉大史。亥字，二畫在上，並三六爲身，如筭之六。下二如身，是其日數也〔一三〕。」下亥上二畫，竪置身旁。士文伯曰：「然則二萬六千六百有六旬也。」先生解曰〔一四〕：「『臣生之歲，正月甲子朔，四百有四十五甲子矣，其季於今三之一也。』七十三年之中，閏餘乘除可得此甲子之數。所謂『其季於今三之一』者，季者，末也；今，今日也。謂已得四百四十四全甲子，其末一甲子六十日，而今日乃癸未，纔得二十日也，故曰『三之一』。文公之十一年夏，叔彭生會晉郤缺于承匡；冬十月甲午，叔孫得臣敗狄于鹹。文公盡十八年，宣公盡十八年，成公盡十八年，至襄公三十年，通七十四年。以表考之，文公之十一年歲在乙巳，襄公三十年歲在戊午。今乃云七十三年者，蓋謂襄公之三十年，上距文公之十一年，得七十三年也。所謂『亥二首六身』者，注云『亥字二畫在上，並三六爲身，如筭之六』，蓋古之亥字如此寫，故曰『二首六身』，其下六畫如筭子三個六數也。所謂『下二如身，是其日數』者，注云『下亥上二畫，立置身傍』，蓋『如』者，往也，移下亥上二畫往于亥字身仄〔一五〕，則當如此□寫。其左竪者二畫，乃二萬也；其右重者六畫，乃三個筭子六數，則六千六百六旬也，故曰『是其日數』也。且四百四十五甲子，合得二萬六千七百，今乃差四十日者，則前所謂『其季於今三之一』，謂其末甲子纔得二十日，故少四十日也。且不謂之日而謂之旬，謂之旬者，蓋古以甲子數日，故謂之旬，如今陰陽家所謂甲子、旬中之類是也，與書『朞三百有六旬有六日』同義。」

先生好談易，嘗問僕曰：「易更三聖，何也？」僕曰：「漢藝文志言：宓戯氏始作八卦，文王重易六爻，作上、下篇，孔氏爲之彖、象、繫辭、文言、序卦之屬十篇。故曰易更三聖。」又問僕曰：「文王重易六爻，則今之六十四卦皆文王所作也。而易言包羲氏以來，聖人已有所謂『取諸益』、『取諸睽』之類，何也？」僕思有以對未能也。先生曰：「神農作耒耜，得益之爻耳，非謂當時已有益卦也。他皆類此，不然上古結繩而治，後世聖人易之以書契，百官以治，萬民以察，蓋取諸夬，則是未有書契已前，已有夬卦矣。蓋伏羲造書契，得夬之義也，此理甚明。」〔一六〕先生又曰：「今之所謂繫辭者，乃古所謂大傳也。司馬遷傳曰：『易大傳曰：天下一致而百慮，同歸而殊塗。』則在漢之時謂之大傳，不謂之繫辭也。又云：『易曰：差之毫釐，謬以千里。』然今易中無此兩句，則亦恐大傳之言也，今失之矣。易曰：繫辭焉以斷吉凶，是故謂之爻。凡兩言之，觀聖人之意，則爻者，所謂繫辭，則凡一卦之中所載之文，皆其辭也，以辭繫於一卦之下，故曰『繫辭』。今人乃以大傳爲繫辭，此後人之失也。故詩序亦謂之大傳，蓋傳取其解經之義爾。如春秋有三傳之類，俱取其釋經也。」先生曰：「『吉凶生大業』，韓康伯注云：既定吉凶，則廣大悉備。此言非是，蓋謂有興有廢，湯、武、秦、漢之事也。」又云：「『直其正也，方其義也。君子敬以直内，義以方外。』，當爲正以直内。」又云：「『能説諸心，能研諸侯之慮』，當爲能研諸慮，如此類者五經中極多。」僕曰：「前輩多不言之，何也？」先生曰：「此事極繫利害，五經其來已遠，前輩恐倡後生穿鑿之端，故不敢著論，但欲知之爾。若或爲之倡，則後生競生新意以相夸尚，六經無全書矣，其害萬萬多於無立論之時，此前輩所以慎重，姑置之不言，可也。韓魏公與歐陽文忠公同政府甚久，終日相聚，無事不言，但不曾與文忠公論繫辭。」僕曰：「何也？」先生曰：「文忠公論繫辭在集中，吾友所見也，其中有得失，若與之同，則又是一文忠公，若論議不同，或至争忿，故魏公存之不論。」

校勘記

〔一〕元公：當作「桓公」，宋人因避欽宗諱改字。

〔二〕公子元：當作「公子完」，宋人因避欽宗諱改字。

〔三〕自己酉至庚申一百九十二年：「二」原作「三」，按張儒本、明解本、嚴肅本皆作「二」，據上下文，「己酉」爲齊桓公十四年,「庚申」爲齊簡公四年,二者實距一百九十二年。據改。

〔四〕周武王:張儒本、明解本、嚴肅本皆作「周文王」。

〔五〕晉平公之七年乃魯襄公二十二年:「二十二」原作「二十一」,按晉平公七年爲魯襄公二十二年,據改。

〔六〕正事之幹也:「正」當作「貞」,宋人因避仁宗諱改字。

〔七〕漢五年後九月:「後」字原脱,據張儒本、明解本、嚴肅本及上下文義補。

〔八〕太元經:「元」當作「玄」,宋人因避聖祖諱改字。

〔九〕正元:當作「貞元」,宋人因避仁宗諱改字。

〔一〇〕時大曆十三年乙巳歲:據新唐書卷六、資治通鑑卷二二五,此事在大曆十二年丁巳歲。

〔一一〕衮至此年閏五月甲戌方罷:據舊唐書一二、新唐書卷六二,此事在大曆十四年閏五月甲戌,疑「此」當作「次」。

〔一二〕□常以此事問之:按,據上下文義,「常」字前所缺之字疑爲「吾」或「僕」。

〔一三〕是其日數:「是」,張儒本、明解本、嚴肅本作「定」。

〔一四〕先生解曰:「先生」原作「先王」,據文義改。

〔一五〕移下亥上二畫往于亥字身仄:「移」字原闕,據張儒本、明解本、嚴肅本補。「身仄」,張儒本、明解本、嚴肅本作「身傍」。

〔一六〕「文王重易六爻」至「此理甚明」此一百二十一字:張儒本、明解本、嚴肅本作:「先生曰:以大傳言之,神農氏爲耒,蓋取諸益;日中爲市,蓋取諸噬嗑;黄帝、堯、舜爲舟楫,蓋取諸渙;服牛乘馬,蓋取諸隨。且益、噬噬、渙、隨，皆六十四卦之名也。神農、黄帝、堯、舜，皆文王之前也。則重易六爻，謂文王可乎？其周官太卜掌三易，一曰連山，二曰歸藏，三曰周易，爲經卦皆八，其别皆六十有四。蓋夏曰連山，商曰歸藏，周曰周易，此又可見夏商之時已有六十四卦，非至文王重易六爻也。然則揚雄、班固之徒，何以言文王重易爻？蓋文王拘於羑里而演六十四卦之辭，如乾『元亨利正』、坤『元亨牝馬之正』是也，非重六爻也。至於爻辭則恐周公所作，如乾初九『潛龍勿用』、坤初六『履霜堅冰至』是也。若爻辭是文王作，則不應曰『王用亨於西山』，又不應曰『箕子之明夷』。故漢藝文志亦言文王作上下篇，則今卦辭上下二經也，恐先儒傳習之誤也。若夫彖、象、繫辭、文言、序卦之屬十篇，班固以謂孔子所作，由此言之，則作易者不止三聖矣。」計三百二十字。其中，「元亨利正」、「元亨牝馬之正」兩「正」字當作「貞」，爲避宋仁宗諱而改。

劉先生譚録

瓘往官二浙，自壬辰歲南赴，己亥北歸，道睢陽者五六，每維舟河梁，侍公譚誨，累日而後去，所得話言繫邪正得失者，必退而書之策，凡二十一條，餘皆不載，時閱以自警云。具茨韓瓘叙。

公曰：「先人往任西京監牧使，懲前政門賓之弊，更不延士人於門下，與司馬温公爲同年契，且以其樂於教育，故白公遣某從學，與公休同業，凡三四日一往，以所習所疑質焉。公忻然告之，無倦意，凡五年。得一語曰『誠』，某請問其目，公曰：『誠者，天之道。思誠者，人之道。及臻其道一也。』復問所以致力，公喜曰：『此問甚善，當自「不妄語」入。』余初甚易之，及退而自隱括日之所行，與凡所言自相掣肘矛楯者多矣。力行七年而後成，自此言行一致，表裏相應，遇事坦然，常有餘裕。」

公言其平日康寧之狀，云：「某尋常未嘗服藥，方遷謫時，年四十有七，先妣必欲與俱，百端懇罷，不許。某念不幸使老親入於炎瘴之地，已是不孝，若非義，固不敢焉。父母惟其疾之憂，如何得無疾？祇有絶欲一事，遂舉意絶之。自是逮今，未嘗有一日之疾，亦無宵寐之變。」瓘曰：「公平生學術以『誠』入，無往而非誠，凡絶欲是真絶欲〔一〕，心不動故。」公曰：「然。」公曰：「某自絶欲來三十餘年，氣血意思只如當時，終日接士友劇談，雖夜不寐，翌朝精神如故。平生坐必端己，未嘗傾側靠倚。飯已行千步，燕坐調息，復起觀書。無晝寢。啜茶伴客，有至六七盌，初無所苦。書字幼服先人之訓，先正書，然後學行，行已能草。今人未能正書而便草，如未能坐立而便走也，安有是理？故終身未嘗草字。與人書尺，至老未嘗使人輒代。歲時家廟祭享，拜跪七十有二，未嘗廢闕。此祖先相傳，其終身由之，以勵子孫，一皆本之以誠。故心嘗前知，兩月前自覺必有變異，果長子不禄。故至誠入神，聖人豈吾欺哉！某往見人有子之喪，或自以爲達而一切不恤，或種種期爲過戚，某皆以爲非。然處人倫名教之地，安得宴然而已乎？然於其中作工夫亦不須也，某則衰绖如執重喪，而起居飲食如平日。」

公曰：「某作都承旨、待制，欲至梁門見一相識，呂微仲作左相，與執政出尚書省，相從歸府第，遇之於塗。余去蓆帽涼衫，斂馬於浚溝廟下，既至，遣人傳語，相揖而過。某若無所據，則爲犯義。微仲歸不下廳，呼門下省法吏問：『從官道逢宰相，如何？』吏檢條但有尚書省官避令、僕，兩省官各避其官長，而無兩制避宰相之法。微仲遂止，然終不樂。范相之出，由某章疏，已而復拜，呂相遂擬某真定。宣仁難之，呂云：『劉某曾言純仁，今既復相，宜少避之。』宣仁曰：

『今既不作言事官，自不相妨。』其後樞密院奏事，宣仁申前語，韓師朴言如吕之對。宣仁曰：『如此正人，宜且留朝廷。』遂輟。」

公曰：「韓魏公謂文潞公曰：『劉某風骨甚類吴長文。』潞公曰：『誠似，但長文有短促之相。』某今名載丹書，位故不及，壽實過之，蓋前輩例能閲人如此。」

公曰：「魏公、潞公具嘗鎮北門。方魏公時，朝城令決一守把兵士，方二下輒悖駡不已，知縣以解府，魏公使前問云：『汝駡長官，信否？』曰：『當時乘忿，實有言。』曰：『汝爲禁兵，既差在彼，便有階級，安可如此！』即於解狀判領市曹處斬，從容平和，略不變色。衆但見其投筆，方知有異。至潞公，復有外鎮解一卒如前者，潞公震怒，問之，兵對如實，亦判處斬而擲筆。如此見二公之量不同，如魏公，則彼自犯法，吾何怒之有？不惟學術之妙，亦天資之過人爾。」

公曰：「潞公氣稟雄傑而非傲物，魏公和平接人略無崖岸，所以成大功者，以其有量也。凡遇大事，自審於心，足以負荷，故不動，蓋定力也。其於庶事則迎刃而解，至疑慮難處者必研磨運思，從容之間已了於胷中，便下筆，皆天資明敏而絶人遠甚矣。」

公曰：「温公詆釋氏，著論云：『其妙者不能出吾宗，其妄吾不信也。』某問：『如何是妙處？』公初不答，再扣之，則曰：『妙處在無我，千經萬論只辨一個我字。』又問：『如何是妄處？』曰：『其言天堂地獄不足信。』某云：『今王法雖至殺戮，不能已人之爲惡，何者？苟有不肖之心，自棄其命，何所不可？今有人至佛寺，觀畫壁見地獄相，遂有易心爲善者，佛之設此，俾人或易惡而鄉善耳。且鄒衍謂：「天地之外，如神州赤縣者八九。」莊子言：「六合之内，聖人存而勿論；六合之外，聖人置而不議。」凡人耳目所不及，安知其無有，蓋不可以爲定論也。』公曰：『吾欲扶教耳。』某云：『扶教則可。』」

公曰：「温公當撰路日，蓋知後必有反覆之禍，然仁人君子，如救焚拯溺，何暇論異日事？元豐之末，京東劇寇欲取掊克吏吴居厚投之鑄治中，賴居厚覺蚤，間道遁去，不然，賊殺一轉運使，從官得宴然而已乎？」

瓘云：「三代以下，宰相學術，温公一人而已。公以爲何如？」公曰：「學術誠然，若宰相之才，所以圖回四海者，未敢以爲第一。蓋當時正人多短於才，所謂愛而知其惡也。」

公曰：「范純夫，其問學修身固好，若造理與立事未在，蓋其氣質弱於劉道原。若論道原之子義仲本佳，近亦變壞。揚子雲稱：『言，心聲；書，心畫。』義仲每有書來，呼兒輩譯之數四，有不能識者，字小而闇弱，亦其心術之不明。類此，某每於書畫之間有得其人之太半。」

公曰：「聖人謂『有一言而可以終身行之者，其恕乎』，蓋恕爲恕，『老吾老以及人之老，幼吾幼以及人之幼』，言舉斯心加諸彼而已，此如心者也。」

公曰：「王鞏定國多識前言往行，書翰詞章皆不可得，但識不明，不能見善，且不知要，困於多欲，卒自斃也。」時王定國立論云「城西所立似韓稚圭」。稚圭，魏公字也。城西者，蔡京也。京築第亘梁、鄭兩門而北據汴，在國之西，故云。定國去歲嘗至京師，無成而歸，乃作書族人，欲變易田業，復歸成都。迎合時政，曲事道流林靈素，服其所寄丹藥，暴得疾，苦楚而死。故公言然。

公曰：「今人咸言事已如此，不可復理。某以爲甚易耳。孟子云：『夫天未欲平治天下也，如欲平治天下，當今之世，捨我其誰哉？』非敢輕蔑天下之士，自以實見天下有可爲之理爾。請言一事，某少時在開寶寺習省課，潞公爲樞相，一日，以先人監牧司申一事頗違當時朝廷之意，召某問之，某以實對。已而問：『近有所聞否？』某言：『昨有人相訪，云王介甫求去甚堅，恐相公代其任。』潞公曰：『安得有此？譬如立大廈，其匠擅其工，斤斧紛紛然，其大木截之令小，小者復碎之，曾未就緒，輒要主人辭去。舊屋既毁，新材又壞，後之人如何其可爲也。』余時甚少，氣頗鋭，應之曰：『某雖晚進，以理觀之，似未然。』潞公愕然曰：『何故？』某曰：『今日新政，不知果順人之所欲，爲人之利乎？若不然，相公當之，去所害，興所利，反掌之間耳。』潞公默然。他日見先人，云：『嘗請令郎相見，其論甚堅正也。』

公曰：「當今之務，非出於荆公，則入於温公矣。元祐諸公所行，蓋有未當處，不可全用。今日之事，則固不可用。有一道理，未嘗爲人説，恐萬一傳去，使渠輩先施弓箭，而不可不爲吾子言。然則救弊之理，莫若只宗神考，大有不可及者，則漸自正。」瓘曰：「陳瑩中立説，固如是也。」公曰：「某實嘗語之以此。」

公曰：「陳瑩中，某嘗薦自代，而未嘗識面。中庸曰：『道之不行、不明也，我知之矣，智者、賢者過之，愚者、不肖者不及也。』若瑩中者，多失之過。如尊堯集先評王荆公爲伊、呂聖人之耦，而後納諸僭叛不軌之域，此學術不粹也。其始論荆舒日録也，乃歸過蔡卞，以爲吾用權道。

且君子立言行己，當本之誠，此之謂誠可乎？」春秋書二百四十二年之事，善善惡惡，或原心定罪則有之，何嘗有嫁罪誣人之事？今欲正一大事，而枉筆且誣人，是自招曲也。如此，安有能者乎？」

公曰：「天下以爲當然者，謂之公論。公論蓋非强名，而乃天道也。此道未嘗廢，顧所在如何爾。如唐、虞、三代與吾祖宗之時，公論在上，君相主之，賢哲聚於朝，不肖沉於下，海内入於陶冶，一歸於正。如晚周及東漢之餘，上之人不能主公論，所用非其人，於是乎清議在下，而士知所尊畏，恥爲非義，登其門者如龍，從其死者如歸，致黨錮之禍起，視漢室爲何等時也。頃時王安石薦李定，召見，陳襄彈之。未行間，擢太子中允、監察御史裏行，宋次道當制，封還詞頭，翌日辭職，罷之。朝廷怒，則下次直，李大臨封還之。最後付蘇子容使行詞頭，復封還之。更奏復下，至于七八。後雖大臨當制，特付子容，固執不行。子容與大臨俱落職奉朝請，名譽赫然。此乃祖宗德澤，百餘年間養成風俗。公論之不可屈如此，與齊太史書崔杼殺其君，殺三人而執筆如初者何異？其後攝官修起居注章衡行之，賢不肖於此可見。要之，公論不可一日廢，然在上則治，在下則亂，可以卜世也。」

公曰：「荀卿云：『人主之職，在論一相。』此似太窄。某以謂人主當選執政，執政内選百司官長，官長選子司衆寮；外選監司牧守，監司牧守選郡縣官使。知其才之誠然而後用，比之一一堂差、吏部注授，豈不相懸乎？漢文帝問右丞相勃天下一歲決獄、錢穀出入幾何，皆謝不知，亦問左丞相平，平曰：『有主者，宰相上佐天子，理陰陽，順四時，下遂萬物之宜，外鎮撫四夷諸侯，内親附百姓，使卿大夫各得其任，此其職。』唐德宗使陸贄爲政，凡宰相所以進退多士，收取威權者，贄皆歸之近臣，於榜子集等見之。此宰相之最難。某以謂三代以來，爲宰相而知其責任者，唯此二人。若陳平者，出於成周之前爲不足道，蓋當時爲士者人人知此，其生乃在衰周之末，戰國從衡之餘，亡秦絶學之後，楚漢征戰之際，崛起爲相而能知其責任非細事也，故論人又當以世。」

瓘乞言，公提獎數四而曰：「唯在力行而已，董生不云乎〔二〕：『尊其所聞則高明，行其所知則光大，二者不在乎他，在乎加意而已。』古人云：『説得一丈，不如行取一尺；説得一尺，不如行取一寸。』故以行爲貴。」

公曰：「士夫知舊多勸扁舟東下，窮山水之勝，且以遠屏自全者。余謝之曰：『萬一擾擾如一鼎之沸，安有清冷處乎？某世食君禄，又嘗備法從，緩急自知死所，何避之有？』以此泰然未嘗經意。昔温公自陝論新法不可以治郡，得請歸洛，時劇寇王充聚黨數千橫行大行中，先人出兩驛延勞之云：『今日且喜公歸，某前甚憂之，若此寇非庸愚，知公有人望，萬一劫公東來，以之動民，奈何？』公笑而不答。再問之，則云：『此何足問，吾輩平日學道，以忠孝爲質，有死而已，夫復何懼！』固知君子涉世自處，固有素矣。」

公曰：「某往竄嶺外數年，一日，所厚士類數輩致殷勤之餘，輒相鄉垂涕。某曰：『豈非某有後命乎？』再三問之，始曰：『屬聞朝廷遣使入郡，將不利於公，請公早自裁無辱。』某從容留飯，已而告之曰：『知君至情，而某罪大謫輕，若朝廷不貸，甘心東市之誅，使國家明正典刑，誅一而勸百，亦助時政之萬一，某之志也，何至効匹夫匹婦自經於溝瀆哉！』卒不爲動，而使者乃過旁郡。蓋累聖相授不殺近臣，執政屢造此禍而不克，故設此計，欲以虛聲見懼，使某自盡耳。」於此見公處生死之際，不亂如此。

校勘記

〔一〕凡絶欲是真絶欲：「真」字原脱，據三朝名臣言行録卷一二補。

〔二〕董生不云乎：據曾子外篇晉楚第九、文獻通考卷二〇八及下文文義，「董生」疑爲「曾生」。

劉先生道護録

宣和六年，歲在甲辰，春二月十有二日，初至南都先生劉公所，候于門，以所摯書、楊先生書並謁入。少焉，傳命肅客，免冠帶以燕服見，老兵就廳事設二席南嚮，東上席間函三尺，公着皂半臂，杖策人扶而出，儀貌魁傑，長八尺，音吐如鐘。珵趨入長揖，不冠不敢拜，寒温畢，就席。公曰：「老病耳聵，且欲與賢者促席，不罪非禮。」坐定，設茶。公曰：「中立先生安樂？」珵曰：「先生極康强，環堵蕭然，樂堯舜之道，聞珵西來將來見待制，先生嘉珵知所尊慕，又懼謝客不得見，特致手書先容。」公曰：「中立門人過此，往往必來相見，然某何者。」珵起立拱手言曰：「珵晚學小生，慕望盛德有年矣，敢問先生所以成就高名大節與當時出處之迹，願聞一二。」公曰：「某當時粗有成立，實緣孃子教誨所賜。朝廷初除某諫官，未敢拜命，入與孃子謀曰：『朝廷不以某不肖，誤除諫官，這個官職不比閑慢差遣，須與他朝廷理會事，有所觸犯，禍出不測。朝廷方以孝治天下，如以老母懇辭，必無不可。』孃子曰：『不然。諫官是天子争臣，我見你爺要做不能得，你是何人，蒙他朝廷有此除授。你若果能補報朝廷，假使我不選甚處，隨你去，但做。』某遂備禮辭免，尋便供職。三日後，朝廷有大除拜，某便入文字論凡二十四章，又論章子厚十九章。」珵曰：「論子厚何事？」公曰：「爲他在蘇州倒買民田。某不似近時言事官，備禮一章便休，直須要見起倒。及至得罪，子厚必欲見殺。人言『春循梅新，與死爲鄰；高竇雷化，説着也怕』。八州惡地，某歷遍七州，於其中間又遭先妣喪禍，與兒子輩扶護靈柩，盛夏跣足日行數十里，脚底都穿破。一日下程，大底兒子悶絶于地，後來究竟不起。今只有老夫與兒子兩人在耳。」琿曰：「天相我公爲斯文作宗主，幸甚幸甚。」

公曰：「憶得初南遷時，舉家骨肉兒女都旋學飲酒，相告云『我今日喫得一呷』，有云『我今日喫得半醆』，某平時飲酒頗多，至是却不飲。後來到嶺外，舉家着瘴，唯某獨免，乃是不飲酒之力。蓋南荒極陽之地，酒性至熱，冒犯極陽之毒，中又飲酒，此乃致疾之由。」琿曰：「先生窮理見道，自與常人不同，斯言自可佩服。」

琿曰：「士大夫諛佞成習，餘二十年，忠義之風掃地。近時陳右司可謂豪傑，今又不幸，深爲天下惜。」公曰：「瑩中竟不曾相識，後休，某却兩曾薦舉於朝，元無半面，可謂公舉也。」軒渠一笑。琿曰：「書問相通否？」公曰：「只是後來問或通書，不曾識面。」琿曰：「瑩中既没，張無盡又下世，人物相繼殂謝，誠可惜。」公無語，琿因請曰：「張天覺相公畢竟如何？」公曰：「元祐黨人只是七十八人，後來附益者不是。」

珵曰：「謁見大人先生，不可以無摯。適來書詞所恨不工，仰瀆高明，願先生幸教之。」公曰：「書詞曒好，足下果能自愛，何患不立。」因問曰：「曾識個李光麽？」珵曰：「聞其名。」公曰：「一個好官員，只是可惜爲蔡攸所引，渠却自悔，近以書來見，謀因爲他處將去也。」珵曰：「願與聞之。」公曰：「某聞道蔡氏父子，人之視之猶陷阱也，唯恐墜焉。公今失身於此，何以自拔？必不得已，勿示所以厭惡之情，徐謀引去。」珵曰：「可謂藥石之賜也，仰體厚意，謹當書紳，庶幾其□有立乎？」珵求退，因起謝曰：「小生何幸，今日獲瞻高明，又聞訓誨，銘心鏤骨，感激不忘，不敢久勞台重，逡巡就舍。」公揖坐，顧左右點湯曰：「子游中立先生之門，見謂必稱公，非所宜蒙也，輒更曰子，後準此。又辱下問，某何敢當，然而不敢不盡，願善自愛。」回來相見，病發，無緣造謝。不罪既退，公手簡叙謝，首「頓首」，末「再拜」，其謙抑如此。

是歲仲冬，還自京師。初六日過南都，再見，先生顧珵曰：「自拜別後，前月一病幾不起，五六日來方稍安耳。」珵起謝曰：「不知尊體偶爽，節宣不得啓問起居。」公曰：「初因全身仆在門限上，右臂幾折，至今未能涉筆。四十二日臥病，不曾交睫，直是無睡。常人三兩夜失睡，便覺神思恍惚，某都不覺。自從此一病後，却覺心氣短，殊不相續，以此且罷讀書，前此未嘗輒廢卷也。」珵曰：「先生多讀何書？」公曰：「看韓文，且要不費思索耳。」

公問：「毗陵莫常得書，中立安否？」璟曰：「楊先生近有除命，以秘書郎召，閤門引見上殿。」公曰：「誰所薦？」璟曰：「傳聞是蔡攸。」公曰：「此曹立黨相傾，不知中立肯來否？」公曰：「某今年七十七，有表姪子善推命，道：『吾叔未在十一月一日遂拜告命。』」璟曰：「直閣新命，雖未足賀，亦朝廷起廢之漸，天下人望所歸，不知何日慰彼黎庶。」公曰：「某病廢，何敢當人望，但天下正人相推，往往見及耳。」俄而笑曰：「做官倒長，某四十二歲以論事不合乞罷，朝廷遂以爲集賢殿修撰，廣東西走了二十來年，今日却得直閣。」

璟曰：「頃獲侍坐，聞先生説郎官李光，後來罷去，果能不負所教。」公曰：「此人亦識道理，微撥着便省。」璟曰：「幸賴先生主張吾道。」公曰：「天地覆載之間爾許大，老夫獨立杜門，却只是主張吾道，與學者言未嘗及他。」璟起謝曰：「斯文幸甚。」公曰：「某何者，天下正人乃以某爲準則？」邸報至，公批閲，有詔申禁蘇黄甚嚴，顧璟笑曰：「此亦有以致之，爲他當初主張太緊。某往時蓋非不留意文字，所著述亦甚多，自從得罪後，一字也不敢作，求爲墓誌者皆善謝之，前後所辭無慮二百餘家，以此今日且得無事耳。」璟曰：「先生舊所著述可得見乎？」公曰：「頃嘗與楊中立已下十餘人論易，大凡今之學者，言象數則諱談義理，言義理則恥説象數。若象數可廢，則無易矣，若不説義理，又非通論，是兩者兼通始得。待稍安樂，集取舊説，成一家之言。某留意於易三十年矣，但未能成書耳。」瑆曰：「先生舊所進章疏，願借一二，以爲法式。」公笑曰：「此尤不可也。兒子輩比編成四五策來，與時事總不合。某論事非如今日言官，備禮一章便休，必行而後已。」瑆曰：「往拜見時，聞先生嘗説連二十四章論章子厚。」公曰：「論章子厚十九章，論胡宗愈二十四章。」

公曰：「元祐黨人有七十八人是正名，後來附益者不是。今七十七人都不存，唯某在耳。」瑆曰：「此天意也，天留我公，將有所屬。」公曰：「當時南遷三十口，今只有某與兒子兩個在耳。一家盡是新骨肉，若無個道理處置，也只隨他去也。某平生只是一個『誠』字，更撲不破。」瑆沉吟良久，曰：「『誠』之一字，處禍處福，無非安樂。」公曰：「此便是安樂法也。誠是天道，思誠是人道，天人無兩個道理。」因舉左手顧之，笑曰：「只爲有這軀殼，故假思以通之耳。及其成功，一也。某自從十五歲以後，便知有這個道理，也曾事事着力，畢竟不是。只有個『誠』字，縱横妙用，無處不通。子試觸類求之，直是無窮。某以此杜門不與時事，極快活，其樂無窮，任怎生也動某不得。定也，定也。」

瑆問：「學者所守要道畢竟如何？」公曰：「尋常未嘗與人言，既蒙下問，不敢不對。學者所守要道亦只是一字，更無兩字，只一『勤』字盡矣。學者能勤，則邪僻無自而生。中立門人有黄鍰者，亦見問，嘗以是告之。」珵曰：「甚善，甚善。只爲至誠無息，學者誠以爲主，勤以行之，不亦善乎。」公曰：「誠是本，勤是末，求之不已謂之勤，纔有間斷，便不可謂勤也。」

珵曰：「中庸，誠至矣。」公曰：「今之學者不知有此，中庸是學者宗主，大率用意又不可偏枉，須由中道。舜執其兩端，用其中於民。」珵曰：「何謂兩端？」公曰：「兩端只是首尾，無兩般事，若由中道則無時不正，釋老之道皆未免入邪。」

公曰：「有盛待制者，名濤此字記憶未詳，嘗有一語可取，云：『士大夫行己正如室女，常須置身在法度中，不得受人指點。』其人雖無狀，當日開此一談却有可取，某每爲人言之。」

珵問曰：「筮仕之初，遽領推勘，不知治獄要道何如？」公曰：「在常注意，而一事不可放過。某有同年宋若谷，初在洺州同官，留意獄訟，當時遂以治獄有聲，監司交薦，其後官至中散大夫。嘗曰：『獄貴初情。』每有繫獄者一行若干人，即時分牢異處，親往遍問，私置一簿子，隨所通語畢記之。」因以手指畫膝上，教珵曰：「題云『某日送到某人某事若干人』，列各人姓名，其後行間相去可三寸許，以初問訊所得語列疏姓名左方，其後結正無能出初語者。蓋人乍入狴犴，既倉卒，又異處不能相謀，此時可以得其情耳。獄貴初情，此要道也。」

瑆問：「每見太學正滕茂實，云『常得欵侍教誨』，其人果如何？」公曰：「亦能文，是某女夫之弟也，自高麗回，得太學正耳。」

瑆請辭，因復問：「中庸曰：『其次致曲，曲能有誠。』何謂致曲？」公曰：「至誠之道，無處不是，着一事上便是曲，致曲以通之也。」

公又曰：「學者直是先理會取根本，始得其他末節都閑。孔子曰：『蓋有不知而作之者，我無是也。』不知根本，後凡所見聞，都奔去聲向那裏去也。若知根本，行住坐卧，無處不是。中立以謂如何？」瑆曰：「楊先生常愛説一個『仁』字，其道甚大。」公曰：「大都根本只是個『誠』，仁在其中矣。譬如造酒，須下得脚是始得，下得脚是方論美惡，下脚不是，終不成酒。人若不知根本，雖勤無補性明。試以老夫鄙言思之，須得個道理去，子試思之，有無窮之味。某從學温公時，亦只得這個言語，這便是精要處也。」瑆起謝曰：「小生何幸，乃獲聞此精要之論。」公辭謝曰：「以子聰明，若能護以至道，他日遂成令器耳。」瑆既起，公曰：「善自愛，致意中立，病臂寫字不得，不及作書。」

附录

附録一：輯佚

劉先生譚録佚文

公又云：「司馬文正對賓客，無問賢愚長幼，悉以疑事問之。有草簿數枚，常致坐間，苟有可取，隨手記録。或對客即書，率以爲常，其書字皆真謹。」公見時已有三十餘簿。三朝名臣言行録卷七引劉先生譚録。

公知潞州，部使者希蔡京旨，治郡中事無巨細皆詳考，然終不得毫髮過，雖過往驛券，亦無違法予者。部使者亦嘆服之。公在南京奉祠，府尹因遍取宮觀寄居官白直曆閲之，或差禁卒，或過其數，至公獨無，其持身廉慎如此。三朝名臣言行録卷七引譚録。

温公與黄門公道合志同，無異同之論。但范堯夫欲行七色錢，稍復免役。温公方病，自力而出，簾前對言：「小人欲以乏財動朝廷，稍復免役之法。」不知謂誰？堯夫失色却立，卒不敢出言。後來蕘夫之去，蓋因安世章疏，且及前事也。（續資治通鑑長編卷三八四元祐元年八月辛卯引「韓瓘録劉安世語」。）

劉先生道護録佚文

與黄鍰用和小柬云：「俞玘筆尚未虧損，但撚心不正，主鋒多偏，傅毫太薄，抑按無力，此其所短也。」又柬云：「向者論俞玘筆病，出於偶然。乃蒙閤下推之以及脩身之道，何嗜學之篤也。柳公權謂『心正則筆正』，亦有此理。苟知其要，亦不必專守斯言也。」（三朝名臣言行録卷一二引道護録後。）

劉安世言行録佚文

公儀狀魁碩，聲吐如鍾，見賓客，談論踰時，體無欹側，肩背竦直，身不少動，至手足亦不移。性嚴毅，雖家居無墮容，子弟進見侍側，肅如也。其孝悌忠信，恭儉正直，不好聲色，不殖貨財，誠心自然，非勉强而行之也。窮經樂道，至老不衰。（三朝名臣言行録卷一二之三諫議劉公安世引言行録。按，下同。）

開府公與司馬温公爲同年契，因遂從學于温公。熙寧六年，舉進士，不就選，徑歸洛。温公曰：「何爲不仕？」公以漆彫開「斯未能信」之語以對。温公説，復從學者數年。一日，避席問盡心行己之要，可以終身行之者。温公曰：「其誠乎！吾平生力行之，未嘗須臾離也，故立朝行己，俯仰無愧爾。」公問：「行之何先？」温公曰：「自『不妄語』始。」自是拳拳弗失，終身行之。調洛州司法參軍，時吴守禮爲河北轉運使，嚴明守法，官吏畏之。吴一日問：「有人告司户贓污，如何？」公對：「不知。」吴不悦，明日，閲視倉庫，召司户者謂曰：「人訴爾有贓，本來按爾，今劉司法言爾無之，姑去。」於是衆方知公長者。然公心常不自快，曰：「司户實有贓，而我不以誠告，吾其違温公教乎？」後因讀揚子雲「君子避礙通諸理」，而後意方釋然。言不必信，此而後可。

温公薦充館職，因謂公曰：「知所以相薦否？」公曰：「獲從公遊舊矣。」温公曰：「非也。光居閑，足下時節問訊不絶；光位政府，足下獨無書。此光之所以相薦也。」

自王荆公、吕惠卿、蔡確、章惇繼踵執政，幾二十年，士大夫多出其門，布列内外，任職之人，不與王、吕，則與蔡、章，在朝廷者十有五六。温公當國，姦邪小人惡其害己，興訛造訕，更唱迭和。會温公遽薨，善類自失，朋邪相慶，意蔡、章復用。雖執政間亦多畏此二人之險，甚於虺蜴，依違顧望，中外憂之。宣仁后問吕申公：「孰爲司馬相公門下，素所厚善，可爲臺諫者？」吕以公嘗爲温公所薦，擢右正言。

是時差除，頗多政府親戚。公言：「祖宗以來，執政大臣親戚子弟，未嘗敢受内外華要之職。自王安石秉政以後，盡廢累聖之制，專用親黨，務快私意，二十年間，廉耻掃地。今廟堂之上，猶習故態。」歷疏太師、平章軍國重事彦博，司空、平章軍國事公著，左僕射大防，右僕射純仁，門下侍郎固，左丞存，右丞宗愈，堂除子弟親戚，凡數十人，且曰：「中書侍郎摯，未見所引私親，而依違其間，不能糾正，雷同循默，豈得無罪？願出臣此章，遍示三省，俾自此以往，厲精更始。」

胡宗愈除右丞，不協公論，臺諫更疏論列。已而諫官王覿坐是罷斥於外，然臺諫論之不已，皆不報。中執法孫莘老、御史楊康國相繼辭去，獨公與左司諫韓川同對，宣仁后因問：「近日差除如何？」公與川奏：「朝廷用人，皆協輿望，唯是胡宗愈，公議以爲不當。」即略陳宗愈罪狀。宣仁后曰：「今且試其所爲。」公謂：「朝廷設官，從微至著，自有等級，要須歷試，灼見其賢，然後舉而加於衆人之上，則人無異論。若執政之官，陛下所與朝夕圖議天下之事，若謀猷獻替，動皆中理，固爲盡善，一有差失，天下將有受弊者。以此論之，執政豈是試人之地？」宣仁后嘉納。

退而又以劄子論宗愈向爲蔡確引用，今又陰結惇、確，凡十二事，章十餘上，皆留中，而公論之不已。又申三省，乞請章疏付外施行。翌早，三省奏事罷，執政皆退，簾中有語曰：「右丞且住，劉安世有章疏言右丞，右丞宜自爲去就。」宗愈遂罷。

章惇於崑山縣强市民田，人户經州縣監司次第陳訴，皆不敢受理，又經户部論訟，復不敢治，御史臺亦不彈劾。公累上疏，不報。乃極論之曰：「案惇抱死黨之志，而濟以陰謀；藴大奸之才，而輔之殘忍。因緣王安石、吕惠卿之黨，遂得進用，而造起邊隙，徼幸富貴，在先帝時已坐買田不法，嘗罷執政。蔡確引用，再叨大任。陛下嗣位，擢置上樞，而内懷姦謀，沮毁聖政，以至悖慢帷幄之前，殊無臣子之禮。及以家難，退歸里閭，而敢憑恃凶豪，劫持州縣，使無辜之民，流離失業。乞特賜竄殛，仍委臺臣置院推劾。其崑山、蘇州及本路監司，亦乞並行黜責。」章四上，朝廷令發運司體究，詔贖銅十斤。公復争之，以謂：「所責太輕，未厭公議。況惇與確、黄履、邢恕素相交結，自謂社稷之臣，貪天之功，徼幸異日，天下之人，指爲四凶。若不因其自致人言，遂正典刑，異日却欲竄逐，深恐無名。且干繫官吏，因惇致罪，皆處從坐，惇係首惡之人，乃止贖銅，事理顛錯，亦已太甚。況下狀之日，惇父尚在，而别籍異財，事狀顯著，考按律文，罪入十惡。愚民冒犯，猶有常刑，惇爲大臣，天下所望，而虧損名教，絶滅義理，止從薄罰，何以示懲？聖人制法，惟務至公。若行於匹夫而廢於公卿，伸於愚民而屈於貴近，此乃姑息之弊政，非清朝之所宜行也。」

李常始阿附王荆公，故神宗嘗曰：「李常非佳士。」屬者安石家居，常求對，極稱其賢，以爲「朝廷不可一日無安石，寧可逐臣，不可罷安石」。既退，更具以此言告安石以賣恩。當時已爲清議所貶。及元祐間爲御史中丞，與侍御史盛陶陰庇姦慝，緘默不言，世尤惡之。公言：「常、陶賦性柔邪，秉心不一。昔蔡確用事之日，陰相交結，故擢常爲户部尚書，以陶爲考功郎官。今並居丞雜，阿諛朋黨，殊無公道。蔡確猶在謫籍，而爲其弟碩陳乞内徙。又自請潁昌自便。章惇强買民田，二人目覩其事，終無一言。」如此者七事。疏方入，未及行，會知漢陽軍吴處厚上蔡確安州所爲謗詩，公即論奏曰：「確詩十篇，多涉譏訕，而二篇尤甚，非所宜言。指斥乘輿，情理切害，犯大不敬。借唐爲諭，謗訕君親，至於『滄海揚波』之語，其所包藏，尤爲悖逆。蓋確自謂齒髮方盛，足以有爲，意在它日時事變易，徼幸復用，攄泄禍心。此而可捨，國法廢矣！」與左諫議大夫梁燾對於延和，兩宫宣諭，令具行遣，比例條例密奏，即以宰相丁謂等貶崖州司户條例以聞。初，吴處厚繳進確詩，李常以爲不宜長此風，盛陶謂確本無意。公與燾並奏其罪，請俟蔡確事畢，特行竄逐。彭汝礪、曾肇同在中書爲舍人，亦皆極力救確。公言：「上自執政，下至堂吏，確之黨與，殆居其半，百端營救，齊奮死力。若使邪説得行，摇動正論，則朝廷之事，極有可憂。此臣所以夙夜寒心，過爲陛下之計。」已而蔡確責授光禄卿，分司南京，而彭汝礪封還詞頭，不肯草制。公與梁燾、吴安詩同上疏力争，以爲責命太輕，未厭與議。疏十餘上，始竄確於新州。於是中丞李常、侍御史盛陶、殿中侍御史翟思、監察御史趙挺之王彭年坐是同日出，臺中一空。彭汝礪落職黜守偏州，曾肇亦罷斥外補。

蔡確雖貶，尚與章惇等自謂有定策功，創造語言，恐脅貴近，爲中外憂。公復言曰：「臣近嘗進對，論蔡確朋黨，雖粗陳大概，未能盡達天聽。事體至重，不可不憂。臣聞蔡確、章惇、黄履、邢恕四人者，在元豐之末，號爲死黨，惇、確執政，倡之於内，履爲中丞，與其寮屬，和之於外，恕立其間，往來傳送，天下之事，在其掌握。聖上嗣位，四人者以謂有定策之功，眩惑中外，若不早爲辨正，臣恐異日必爲朝廷之患。臣聞元豐七年秋宴之日，今上皇帝出見群臣，都下喧傳，以爲盛事。明年，神考晏駕，衆謂前日之出，已示與子之意。其事一也。自先帝違豫，嘉、岐二王日詣寢殿〔二〕，候問起居，及疾勢稍增，太皇太后即時面諭，並令還宫，非遇宣召，不得輒入。有以見聖心無私，保佑慎重。其事二也。建儲之際，大臣未嘗啓沃，而太皇太后内出皇帝爲神考祈福，手書佛經，宣示執政，稱美仁孝，發於天性，遂令草詔，誕告外庭。蓋事已先定，不假外助。

其事三也。陛下聽政之初，首建親賢之宅，才告畢工，二王即日遷就外第，天下之人莫不服陛下之聖明，深得遠嫌之理。其事四也。此實太皇太后聖慮深遠，爲宗廟社稷無窮之計。彼四人者，乃敢貪天之功，以爲己力。伏望明詔執政及當時受遺之臣，同以親見策立今上事迹，作爲金縢之書，藏之禁中。又以其事本末著實録，然後明正四凶之罪，布告天下。除蔡確近已貶竄外，所有章惇、黄履、邢恕，欲乞並行逐之遠方，終身不齒。所貴姦豪屏息，它日無患。」由是三人亦皆得罪。

始，公論蔡確未行，兩府中獨范丞相留身簾前，力解之。時左丞王存已去，行數步，爲范一言留之。當時公嘗奏云：「伺候行遣蔡確了日，當節次劾奏奸黨，乞賜竄逐。」至是乃言之，且言：「純仁爲樞密日，因司馬光久在病告，遂以國用不足爲説，乞依舊散青苗息錢，光聞其事，力疾入見，以死争之。又於上前親自奏禀云：『不知是何姦邪之人，勸陛下復爲此事？』純仁汗顔畏縮，不敢仰視。尋得聖旨，盡令寢罷。光謂臣曰：『純仁自爲執政，言行反覆，陰懷顧望，止爲全身之謀。以名取人，其弊至如此。』以上皆光之語，臣不敢有一字增損。」純仁與存遂皆罷去。

遷起居舍人，兼左司諫。時有詔權罷講筵。久之，公偶爲家人雇乳母，牙媪以謂無有，詰其故，因言内降指揮，見求乳母。公怒曰：「汝何敢爾妄言！且今上猶未納后，安得有此？」媪云：「内東門司、開封府録實預其事。」公與府録有契，因折簡問之，答如所聞。即上疏面言：「乃者民間喧傳，見求乳母。臣謂陛下富於春秋，尚未納后，未嘗輒信。近日傳者益衆，頗有實狀。臣忝備言職，當諫其漸。昔者帝堯惟以天下爲憂，不敢以位爲樂。成湯不邇聲色，萬世傳誦。皇帝陛下不可以不勉，太皇太后不可以不勸也。願爲宗廟社稷之大計，清閑之燕，頻御經帷，仍引近臣，與之議論前古治亂之要，當今政事之宜，悉俾開陳，以助聖學，無溺於所愛，而忘其可戒，則天下幸甚。」哲宗但俛首不言。宣仁后曰：「此事無之，恐卿誤聽。」反覆良久，公云：「臣請繼此復言。」明日，兩府奏事，宣仁后留吕丞相告之，且云：「可諭安世無再言。」吕曰：「臣忝備宰相，無由與言官相見。若召至都堂，恐駭人聽。今給事中范祖禹雅與安世厚善，而臣與祖禹共事於國史，臣請退語祖禹，以聖語諭安世。」宣仁后曰：「善。」范過公所，趣小吏白諫議朝服聽宣諭，公初唯唯而已，徐曰：「醇甫居侍從論思之地，且職在勸講，義當盡規，奈何反止同列耶？」於是醇甫退而亦論之。公復上疏言：「伏聞德音，諭臣以所論後宮事實未嘗有者，稽首承命，感抃交集。臣歷觀前世之主，鮮有不以聲色爲累。至於近之太早，御之無節，則又不能保固真源，增益壽考，聖賢所戒，可爲寒心。且世俗之間，粗有百金之産，猶知愛其子孫，以爲嗣續之托。而況國朝百三十年之太平，六聖憂勤積累之基業，陛下繼而有之，可不自愛自重，以爲宗廟社稷無窮之計乎？若陛下實未嘗爲，則臣之所言，猶不失諫官之職。萬一有之，則臣之進説，已是後時。惟冀陛下愛身進德，留意問學，清心御欲，增厚福基。臣不勝惓惓愛君之至。」宣仁后初不知，因公言始窮詰其事，乃知雇乳母者爲劉氏也，后怒而撻之，由是劉深以望公。其後專寵，孟后幽廢，正位中闈，是爲昭懷皇后。

自崇慶垂簾，復祖宗舊政，温公既薨之後，荆公之徒，多爲飛語以動揺在位，誘之以利，脅之以禍，無所不至。大臣多首鼠兩端，爲自全計。吕、范二相尤畏之，欲用其黨以平舊怨，謂之調亭。差除之際，公與梁燾、朱光庭每極力争論，吕公病之，因薦熙豐舊人鄧温伯爲翰林承旨，意言官必争，因以逐之。公言：「温伯熙寧中，王安石、吕惠卿更相傾陷，温伯始終反覆，出入兩黨，又附蔡確，爲之草制，稱其有定策之功。乞行罷黜。」疏累上，不報。又於延和面對，極言論難甚久。宣仁后曰：「卿等須體朝廷之意，天下事豈可盡由臺諫？亦當出自宸衷。」公以義理開陳，退復論之，凡六上章，不報。即引疾在告，陳乞宫觀。尋除中書舍人，公力辭。門下侍郎劉莘老亦奏：「温伯實王安石黨人，梁燾、朱光庭、劉安世皆忠純諒直之臣，中外之情，以其去住卜朝廷意向，憂國之臣無不疑懼。」兩宫復遣中使宣諭，錫以珍膳。公請益堅，乃除集賢殿脩撰，提舉西京崇福宫。

公遍歷言路，正色立朝，知無不言，言無不盡，每以辨是非邪正爲先，進君子退小人爲急。其面折庭争，至雷霆之怒赫然，則執簡却立，伺天威少霽，復前極論，一時奏對，且前且却者，或至四五。殿庭觀者皆汗縮竦聽，公退，則咨嗟嘆服，至以俚語目之曰「殿上虎」。

宣仁后晏駕，吕丞相使陵下，范丞相奏乞除執政，即用李清臣爲中書侍郎，鄧温伯爲尚書右丞。時大臣卒用調亭之説，遂有李、鄧之除。二人皆熙豐之黨，屢見攻於元祐，乃以先朝事激怒上意。會庭策進士，李、鄧撰策題，歷詆元祐之政，有復新法之意，從而中傷元祐諸人。公乃出鎮常山。未幾，元豐舊人悉皆收召，遂相章惇。言者以公頃言蔡確，落職知南安軍。而吕丞相亦不免遠竄，乃深愧於公。其後范丞相門人狀范公之行曰：「使其言行於熙豐時，後不必至紛更；盡申於元祐中，必無紹聖大臣復讎之禍。」或以此問公，公曰：「微仲、堯夫不知君子小人勢不兩立如冰炭，故開倖門，延入李、鄧，排去正人，易若反掌。調亭之説，果何益乎？昔温公爲相日，蓋知其後必有反覆之禍，然救生民之患，如救焚拯溺，猶恐不及，何暇更顧異日一身之患哉！」世以公爲知言。

公度嶺，北望中原，自念奉父母遺體而投炎荒，且無兼侍，恐一旦溘然，爲慈親憂，因憶温公語云：「北人在瘴地，唯絶嗜欲，可以不死。」自是遂絶。

惇、卞用事，所以殺公者百計，皆不克。然必欲致於死，故方竄廣東，則移廣西，既抵廣西，則復徙廣東，凡二廣間甲令所載稱遠惡州軍者，無所不至。雖盛夏，令所在州軍監督，日行一舍，或泛海往來貶所。人皆謂公爲必死，然七年之間，未嘗一日病。年幾八十，堅悍不衰，此非人力所及，殆天相之也。或問何以至於此，曰：「誠而已。」

先是，文及甫持喪在河陽，邢恕在懷州。及甫以劉丞相摯任中司日，嘗彈罷其左司郎，銜怨不已，以書抵恕曰：「及改月遂除，畢禫祭，當外補，入朝之計未可必。當塗猜怨於鷹揚者益深，其徒實繁。司馬昭之心，路人所知也。又濟之以『粉昆』，朋類錯立，必欲以眇躬爲甘心快意之地。」紹聖末，蔡確子渭受旨於翰林學士蔡京，且迎合大臣，乃上書引及甫書爲證，訟劉丞相及公等誣陷其父，謀危社稷。朝廷駭之，委京究問，置獄於同文館，遂逮及甫就吏。及甫稱：「鷹揚」，謂其父潞公也；「當塗」者，謂劉摯也；「其徒實繁」者，謂梁燾、王巖叟、劉安世、孫升、韓川之類也；「司馬昭之心，路人所知」者，緣摯竄斥顧命宰相蔡確，是時國勢甚危，疑摯有頃摇之心，意在不測，如司馬昭廢辱之事也；「粉昆」、「朋類」者，「粉」謂王巖叟面如傅粉，「昆」謂梁燾，燾字貺之，以「貺」爲「兄」，以「兄」爲「昆」也；「欲以眇躬爲甘心快意之地，可爲寒心」者，「眇躬」謂主上，摯既懷無君之心，有動摇不逞之意，前已甘心快意於蔡確輩，今欲快意於主上，是欲以主上爲甘心快意之地，有憂國之心者，爲可寒心也。問：「有何照據？」則曰：「先父屏人說來，即無的確照據。」時劉丞相、王彦霖已物故，然而其謀本出於蔡京，故京猶乞上殿，親寫劄子，争論不已。三省言：「蔡京奏摯等逆心，及甫言之於元祐，其事可信不誣，在法九族當坐，則其一時黨附顯著之人，同惡相濟，豈得無之？如劉安世嘗論禁中雇乳母，謂『陛下已親女寵』，又論不御經筵，謂『陛下已惑酒色』，誣罔聖躬，形於章疏者，果何心也？今摯貶死，廢及子孫，而安世不問，罪罰殊科如此，臣不知其說也。」詔范祖禹移化州安置，劉安世移梅州安置，王巖叟、朱光庭諸子並勒停，永不收叙。公時執喪，不候服闋，赴貶所。

公在貶所，忽有所厚士類數輩至，殷勤之餘，輒相向垂涕。公曰：「豈非安世有後命乎？」客曰：「屬聞朝廷遣使入郡，將不利於公，願公自裁無辱。」公告之曰：「安世罪大責輕，若朝廷不貸，甘心東市之誅，使國家明正典刑，誅一戒百，亦助時政之萬一。何至效匹夫匹婦，自經於溝瀆哉！」不爲動。使者入海島，杖死元祐内臣陳衍。蓋累聖相授，不殺近臣，惇、卞屢造此禍而不克，故因令使者迂往諸郡，以虛聲逼諸流人，使其自盡也。自是廣人寖知惇、卞意。時公貶所有土豪，緣進納以入仕者，因持厚資入京師，以求見惇，犀珠磊落，賄及僕隸，久之不得見。其人直以能殺公意達之，惇乃見之。不數日，薦上殿，自選人改秩，除本路轉運判官。其人飛馭徑驅，至公貶所。郡將遣其客來勸公治後事，涕泣以言，公色不動，留客飲酒，談笑自若，對客取筆書數紙，徐呼其僕曰：「聞朝廷賜我死，即死，依此行之。」謂客曰：「死不難矣。」客從其僕取紙閱之，則皆經紀其家與同貶當死者之家事甚悉，客驚嘆，以爲不可及也。俄報運使距郡城二十餘里而止，翌日當至。家人聞之，益號泣不食，亦不能寐，且治公身後事。而公起居飲食如平常，曾無少異。至夜半伺公，則酣寢，鼻息如雷。忽聞鍾動，上下驚曰：「鍾聲何太早也？」黎明問之，鳴鍾者，乃運判公一夕嘔血而斃矣。明日有客唁者曰：「若人不死，則公未可知矣！」然公亦無喜色。於是見公處死不亂如此。

惇、卞謀害公既不克，是時昭懷寵冠六宮，隆祐幽廢。惇乃以公頃論禁中雇乳母事媒孽之。始，鄒至完亦嘗諫立劉氏，坐竄嶺外，至是，詔應天少尹孫鼒以檻車抵二公貶所，欲收以致京師。至泗濱，聞哲宗登遐，徽宗即位，置郵走赦，孫即聞於朝，乃不收。

曾子宣爲右相，李邦直爲門下侍郎，一時正人，皆爲所忌。公帥真定，呂子進帥高陽，過闕合入見，緣公鄆帥謝章有曰「志存許國，如萬折而必東；忠以事君，雖三已而無慍」，曾、李覽之曰：「如此怎生屈摺？」遂不許入朝。韓丞相忠彦薦張芸叟爲大諫，邦直出之帥中山，蔡京作相，用范致虚諫疏曰「河北三帥連衡，恐非社稷之福」，公與張、吕同日報罷。

先是，建中年間，公與蘇子瞻自嶺外同歸，道出金陵。時有吏人吴默者，以詩贄二公，子瞻稱之，跋數語於詩後，公亦題其末，以勉其學。是後内侍梁師成得幸，自謂子瞻遺腹子，與一二故家稍稍親厚。默知其説，因攜二公所跋詩謁之。梁甚悦，奏之以官。至宣和間，梁益大用，以太傅直睿思殿，參可三省樞密院事，貴震一時，雖蔡京、童貫皆出其下。是時默改名可，爲正使，師成令可自京師來宋，欲鈎致公，引以大用，且以書抵公。可至三日，然後敢出之，且道所以來之意，大概以諸孫未仕爲言，以動公。公謝曰：「吾若爲子孫計，則不至是矣！且吾廢斥幾三十年，未嘗曾有點墨與當朝權貴。吾欲爲元祐完人，不可破戒。」乃還其書而不答，人皆爲公危之，而公自若也。

公自宣和乙巳歲元日以後，謝絶賓客，四方書問，皆不啓封，家事無巨細悉不問。曰：「異時吾死，歛以時服，柩中慎無置一物。」於是家人始爲公憂。夏六月丙午，忽大風飛瓦，驟雨如注，雷電晝晦於公正寢，人皆駭懼而走，及雨止辨色，公已終矣，聞者咸異焉。葬開封府祥符縣樂安鄉邊村之原。楊中立以文弔之曰：「劫火洞然，不爇唯玉。」搢紳往往傳誦，以爲切當。公在宋，杜門屏迹，不妄交遊，人罕見其面。然田夫野老，市井細民，以謂若過南京不見劉待制，如過泗州不見大聖。及公没，耆老士庶，婦人女子，持薰劑，誦佛經而哭公者，日數千人，至填擁不得其門而入。家人因設數大鑪於廳下，争以香炷之，香價踴貴。後二年，虜人驅墳户發棺，見公顔貌如生，咸驚曰：「必異人也！」問誰，墳户對以某官，一無所動，蓋棺而去。

昔有與蘇子瞻論元祐人才者，至公則曰：「器之真鐵漢，不可及也。」

校勘記

〔一〕嘉岐二王：「岐」原作「歧」，據宋史卷一六、卷二四二改。

附録二：序跋記文

宋張九成元城先生語録序

余觀馬永卿所著元城先生語録，嗚呼，前輩不復見矣，使余讀之至於三嘆息也。余考先生所學，所論皆自「不妄語」中來，其論時事、論經史，皆考訂是非，别白長短，不詭隨、不雷同、不欺於心，而終之以慎重，此皆「不妄語」之功也。司馬温公心法，先生其得之矣。紹興丙子八月，范陽張九成序。張儒刻本、嚴肅刻本、明解本、文淵閣四庫全書本、惜陰軒叢書本、清抄本（胡珽、徐紹乾校）、畿輔叢書本卷首；張九成横浦集卷一七。

明彭韶鐵漢樓記

賢人君子聳聲名霄漢之上，而能服乎當時、信乎後世，豈聲音笑貌所能爲哉？誠而已。誠積而久則著而明，凡同是心者，孰不信且服哉？不然，無是心者也，非人之所能爲者也。宋至元祐，號爲多賢，温公在政府，東坡在翰苑，元城諸人爲從官，可謂盛矣。然當熙豐之後，猶再實之木，於是紹聖繼之，姦相嗣虐，群賢盡斥。元城劉先生始落寶文閣待制，知南安軍，道改提舉洪州玉隆觀，本軍居住，先生遂奉母夫人來寓寶界院。又改少府少監，未一年，復(從)[徙]嶺南，瀕危數四，初心不變。東坡推服之曰：「真鐵漢也！」後雖召還，終不能安於朝，屢斥以死。死(十一)[二]年，宋有金難。嗚呼，此豈人所能爲哉？想一時君相，非不知先生之爲賢，然(君)[畏]忌之以爲阻。吾爲妨，吾樂耳，其心因計曰：「天下全盛，委裘可治，何藉彼迂儒(非士)[輩]？」於是君自聖而臣自賢，馴致禍變，不可救(樂)[藥]。所謂樂者竟亦何有，而先生之道則昭然於後世矣。南安舊祀於寓賢祠，寶界院今爲寺則未有聞。成化戊戌，東海張汝弼來爲守，暇考圖志，得之嘆曰：「先賢所居其可廢耶？」適寺之右廊樓毁，撤而新之。于時聶都以民獻梓木一章，長九尺，徑八尺，數百年前物也，寅符期會，衆咸驚異。既以成是樓，題曰「鐵漢」，蓋用東坡語也。使來請記。噫！詔何足以知先生？然竊憶名世之賢，其道有三，曰：合内外、一患難、齊死生。蓋嘗變終始之極也，志在責難，已有愧辭，是之謂欺，先生忠孝正直，言行一致，未嘗有聲色貨利之好，是固獻忠效職，曾無怍焉，内外不合乎？持論從容，臨難無措，是之謂誕，先生遇惇三貶官，一再(從變起)[徙惡地]，遇京又連七謫，曾無望焉，患難有二乎？死生危迫，狷者或懼，先生於豪判之來、檻車之(徹)[徵]，談笑處之，生死不一視乎？余具斯道以立於世，非至剛者不能。東坡之言，豈欺我哉？抑聞先生曾於温子教之以「誠」，且令自「不妄語」始，退而隱栝七年而後可。然則先生所立之卓，其誠於中而形於外歟！後之學先生者，有所據依矣。茲郡人士宜因賢守之表章，學先生之所學，他日登朝，小用則師斯人，大用則用斯人。

成化十七年歲次辛丑九月吉，正奉大夫、廣東布政司左布政使後學莆田彭韶謹記。嚴肅刻本卷末。（注：彭韶彭惠安集卷三也收此文，文字稍有異同，個别處據彭惠安集改動。）

明金賢元城先生語録序

元城先生語録凡三卷，計二萬餘言，宋朝散郎馬永卿之所録也。永卿事先生日久，聞嘉言格論最多，先生既没，追録成編。不知其凡幾，傳至我天順己卯，其書寖以湮没，前大名守王正懼其泯焉，得其僅存者刊而新之，其傳始廣。自己卯至今，凡五十餘年，其書復寖以湮没，元城尹張儒懼其泯焉，得其僅存者又刊而新之，是書或可以不泯矣。按，先生受學於司馬文正公，司馬氏教之以「誠」，且示之曰「自『不妄語』始」，先生受命惟謹。夫無妄，誠者也；不妄，誠之者也；由不妄以至於無妄，先生之學也。先生儀狀甚端嚴雄偉，雖燕居無惰容，其莊敬有如此者；居臺諫，言事剴切，無所顧忌，時人敬憚，稱爲「殿上虎」，其剛直有如此者；以直道忤人主意及其執政者，歷貶英、梅等諸州，數瀕於死，而先生志節愈堅，其强毅有如此者；嘗曰「吾欲爲元祐全人，見司馬光于地下」，其特立有如此者。今觀語録所載，其論時政明利病也，其論經史闡幽隱也，其論人物示褒貶也，其論用相别忠佞也，其論用兵定安危也，其他所論，莫非辯理欲、昭淑慝、垂勸戒者也。嗚呼！是書存，則吾吏之政有未通，與凡小子之學有未就者，皆得所依歸矣。張儒，南陽進士也，學優而仕，凡律己治人之道一出，于正來吏，于兹慕先生之風。嘗欲求其子孫而優禮之，求其墳墓而封樹之，皆以歷世久遠，累遭兵燹，不可復得，特新其廟以展其誠，刊其書以傳於後耳。若夫先生之道德功業，豈是書之所能盡哉？嗚呼！儒之心亦賢之心也，故喜其成而序之。

正德丁丑冬十有二月癸丑，賜進士、中憲大夫、直隸大名府知府、前兵科右給事中江東金賢序。張儒刻本卷首。

明崔銑刊元城先生語録序

天順己卯，大名守河東王公刊元城先生語録三篇，歲久而廢。今南陽張君令元城，白于其守金公，復刊之。張君既潔，已而富民矣。又慮其教之靡有準也，曰：「先生邑之先聞也，諸生皆學孔氏，先生其孔氏之徒與。」銑嘉張君，乃輯先生之行，授之俾嗣刻焉。序曰：孟氏有言「尚友讀其書必論其世也」，六經之説繁矣，賦文之籍大倍於經學之者，白首而眩，故儒腐裕蠱詞，士浮而失守。先生受於司馬氏者，曰：「誠而已矣，終身行之。」故直不屈於萬乘，節不奪於折久，安不揺於迫禍，言確而厚，讀之去鄙吝焉。夫榮可耽也，禍可畏也，一缶之墮，負者色愠，細蜂之毒，見之匿影，何者以物爲情也？故任道之心，可以忘物，異哉！范氏、呂氏之相也，周其身計，創調停之政，黜先生之言而尼其直。且夫熏蕕之不同藏，爲蕕之善淆也。彼人者，志不獲逞而弗已，其始下之而陰間之，已遂，奪其地而據之，以肆其欲，彼於君而弗德焉，況其他乎？范氏、呂氏之用之也，姑餌之而懼其逞爾，非誠愛而成之也。以善服人，人且畔之。苟以詐容計合，自我且然，何以率衆？故學誠而已，誠者，辨邪正而已；惟聖則誠，聖人，人倫之正也。釋氏者，將全其性而逆其倫，不亦謬乎？知者亡凝物，仁者亡遏情，勇者亡戾行，然後性盡而功立。先生不能不惑於釋氏，知凝也，先生衷矣、孝矣，彼何與焉？或曰：先生取定於釋，殆不其然。正德丁丑後十二月乙未，翰林侍讀鄴郡崔銑序。張儒刻本卷首；畿輔叢書本卷末；崔銑洹詞卷三。

明張儒跋

元城先生，元城人，史嘗識其姓字，而敬慕其賢，恨未親覩其光也。正德乙亥歲，儒承乏是邑。閲三日，拜謁，獲覩其象焉。又閲歲，翰林崔先生出先生語録並所輯行以示儒，太守金先生喜其，同命刊之，不逾月而成。夫先生之茂功偉烈，固不與於是録，然儒之所以新是録，特以盡景仰之私云爾。

正德戊寅仲春吉旦，賜同進士出身、文林郎、知元城縣事南陽張儒謹識。張儒刻本卷末。

明吕柟元城語録解序

元城劉先生語録一帙，多其徒馬永卿所編輯。今山西副使端溪王子德徵又分爲六十二條，條爲之解。其言之純者，則益發揮，以振開後學之志；少有未醇，亦爲之辯難，使學者不昧所從。夫元城學「不妄語」於温公，其言豈有醇、未醇邪？即端溪子之辯難者，多在右金陵而混儒墨耳。審若是，則亦自其身之所至、心之所得，而言亦不甚害，其爲未醇也。夫端溪子，今之元城也，其所解亦豈必盡然哉？然凡有所疑，必質諸師、辯諸友，雖隔河山之險，越江湖之遠，亦托兄若弟持册而講，既明而後已。此其爲道之篤，好學之甚，雖元城當日亦恐不逮。斯解也，吾又知其必與語録共傳矣。

嘉靖七年秋八月，涇野吕柟序。明解本（僅静嘉堂文庫藏本）、惜陰軒叢書本卷首。

明王崇慶元城語録解後序

序曰：元城語録何？録元城語也。夫録其語矣，何以復有解也？解其語，將以發其義也，示仰止也，責備云也。吾聞古之君子有三異，所以大同乎道也。是故君子者，以異而同之者也。夫其以異而同，何也？異其異，固所以反吾同也。是故曰誠、曰明、曰剛，其斯君子三異之道與？惟誠也，故能一天下之僞；惟明也，故能察天下之隱；惟剛也，故能濟天下之變。其斯以爲元城乎？夫元城非以求異夫人也，異乎人之異夫道也，苟異夫道，將安同？是故殿上有虎，大有勇也；厥知長男凶，大有明也；七年而後「不妄語」，大有誠也。元城之所謂異而同者，其諸是與？其諸是與質之道，思過半矣。然則蘇軾氏曰「鐵漢」，似也。由今觀之無乃得夫其一，遺諸其二者乎？愚既作是解，復舉此以示讀語録而不思者，俾後之君子考焉。

嘉靖己丑冬十月初有三日，河南按察司副使後學開州端溪子王崇慶序于汝南之行臺。（惜陰軒叢書本、畿輔叢書本卷末。）

明顧鐸書元城語録解後

端溪公按部于汝寧，出所解元城語録以示。公，大名開州人。元城，大名附邑，公爲元城切近之人。詩曰「高山仰止」，元城蓋公高山也。且元城在宋人目爲「鐵漢」，自欲爲完人，炎海瘴嶺，雖盛夏籃舁母與俱。而公以危言忤逆瑾，擯斥者十餘年，且所至輒奉太夫人以行。詩曰「惟其有之，是以似之」，公於元城有而似也。其取語録而解之者，固也。因請而刻之，計板三十五片，兩面用之，省材也。匠借於崇府，因便也。木非加災，有益也。板成將印給府學師生，而次及於諸屬，廣教也。行録亦有解，而獨名曰「語録解」，行録因語録而附也。時同知張子傑、通判王子邦，直推官劉子寓春、汝陽縣知縣白子鋼，皆見厥成也。刻之者鐸也，顧姓，東齊人，時承乏知府事，嘉靖八年冬十月望日謹識。明解本（僅静嘉堂文庫藏本）、惜陰軒叢書本卷末。

明嚴肅跋

元城劉先生語録，板嘗刻於大名，歲久殘缺。余至黄，政理之暇，與少參汪公東溪論及先生事，公因出昔年巡歷所得語録以示余。余讀之，竊謂温公所以教先生如「誠」之一字，自「不妄語」始，可爲萬世師法。先生嘗力行七年而後成，則此語多得於力行之後，信哉，不妄也已。間日，又與太守毛公石厓論之，公復出彭方伯公所著鐵漢樓記以示余。余喜之，復考先生之行實，並附於録，使後之學者讀其書，知其人，得以私淑先生之正學直氣，抑可廉頑而立懦也。顧不韙哉，遂正其舛繆，捐俸重刻，與同志共焉，觀者毋以爲僭。

嘉靖辛卯秋七月既望，昆陵嚴肅謹識。嚴肅刻本卷末。

明高金元城語録解後序

夫録以紀言者也，馬子永卿，所以師元城而立教也。夫解以宣意者也，王子端溪，所以發元城而景行也。是故匪録何傳，匪解何暢，則夫端溪子之惓惓固有以也。余也知是郡者三年矣，過先生之閭，懷先生之風，又從而味端溪子之解，吾其教民有餘地乎？版舊梓行於汝寧，而先生之故里尤不可缺也，是用重刻焉。

嘉靖丁酉秋七月朔，賜進士、知大名府事、前兵科左給事中、侍經筵官古離孟門高金書刻。

明解本（僅静嘉堂文庫藏本）卷首；惜陰軒叢書本卷末。

明于文熙元城先生語録序

元城先生當宋哲宗朝，高節直道，爲權姦所中，間關瘴癘之鄉，瀕死弗死。晚歲居亳，士大夫相謂：「過南郡不見劉待制，如過泗水不謁文宣王廟。」歿纔二年，而北狩南度，宋遂不支，然則先生存歿去就，乃宋一代安危所係，不僅僅取直名去也。而朱文公名臣言行録不載先生，心竊疑之，既閱宋史，然後知文公所由，不録先生者大概有三：蓋先生嘗上疏論程正叔，又與蘇文忠交好，頗好談禪。文公左袒正叔，不與文忠，至禪則又心厭，力距以爲夷狄之一法者，以故不録。然正叔剛方，伯淳坦易，兩先生已不同調，游定夫、胡康侯皆大儒，皆與秦丞相善，先生持議和平，頗類伯淳，士君子志趣惟其是何必同？文忠立朝大節卓有可觀，非秦丞相比，先生何至不得從定夫、康侯例議末減耶？至談禪一節，則先生遠竄嶺南，時意非絶欲鮮營不可，故稍讀西來語，有概於中以外澹世緣、内完真我。夫用之忠君孝親，不用之絶倫雜類；用之禔躬養性，不用之立教率世。正語所謂「正人用邪法，邪法爾歸正」者，此奚足爲先生深訾耶？余待罪天雄，天雄即先生故里，間召父老，問先生墳墓則化爲烏有，已及子孫則不知何許，已及祠宇則湫隘頹廢，僅遺像存耳。余低徊久之，最後乃得先生所爲盡言集數卷，並語録三卷、行録一卷者。獲與寓目，盡言集本頗善，語録輯于馬大年，行録輯于崔子鐘，而頗壞于解者，且多魚魯之誤。余暇日删其解，訂其誤，復掇遺事一二附諸後，而列本傳于首，命外黄令刻之。昔宋神宗求治太急，信任匪人，蘇文忠乞校勘陸宣公奏議，冀以感悟神宗。竊觀近世以來，直節壯熕之士繼踵弗乏，第有一時意氣所激即犯顏，瀕死弗顧。及志溢氣衰，一旦臨顯名厚實，輒眷眷變其初操，遂使媢嫉者藉口謂以直道爲市。由是，枇鱗折檻者目爲矯激，揚眉扼腕者號爲狂躁甚，且葱嶺苦縣遇之。噫！先生更劣惡州軍，濱死者凡幾，意氣晏如，曾以顯名厚實動其心哉？彼一時設罟阱以傾先生者，卒貽議後世，而先生之直道歷久益彰。覩斯録也，感時觸事，能無掩卷太息乎？先生師司馬君實，傳陳瑩中學，自「不妄語」入，立朝以誠心，行直道，信視宣公無愧。予不佞何敢望文忠萬分一，然自垂髫覩先生遺言遺行，心嚮往之，而今且竊有感也。故重新其刻於先生之里，以益彰先生之直道爾，庶幾有所救正云。

萬曆庚寅冬十二月，後學金壇于文熙序。區龍禎刻本、雍正元年抄本卷首。

明徐成楚跋元城劉忠定公言行録後

今憲臺金壇于公刻有宋元城劉忠定公言行録，成叙之矣，顧命楚申一言。高山仰止，景行行止，雖不能至，然心嚮往之。公既不欲獨爲君子，楚小子安所謝不敏。世之波也，士務華絶根，言高于秋天，行卑于行潦，姑無論立朝風旨，即其平居履行，能不愧影、愧衾者有幾？公顧瞻廟貌，俯而思之有味乎？當年司馬温公之庭授先生，謂「誠」也，「不妄語」也，曰：「是足以風矣。」於是搜集先生之生平一言一動，暨宋史本傳，大書而特記之，昭往哲、垂來祀，淵哉深乎？公之爲魏人士也，稱鄉之先進，以喫緊勸率其後人，斯於化速肖而言易入，士知所向方矣。不然，古賢人君子之立言垂不朽者豈少哉？何必元城，又何必于其鄉乎？頒布之也，事固有曠百世而相感者，惟其有之，是以似之。公誠心直道，素取信于士大夫，而風光月霽，不爲一切城府，有「退食自公」之度。則所謂誠、不妄者，毋寧陽浮慕之，蓋其似也。雖然元城遭世不遇，投荒置譎者屢矣，方今聖明在御，朝無章、蔡朋奸，用公之心，行公之事，知其爲良臣，不爲忠臣明甚，夫三札五規用救焚拯溺、名聞四夷者，獨非誠耶？非元祐全人耶？是又元城之所北面受教者，斯舉也，豈惟魏人士之幸，其自魏而天下實庇賴之。

內黄縣知縣徐成楚謹撰。于文熙刻本卷末。

明區龍禎重刻劉元城先生言行録後序

龍禎自束髮受學，讀宋史而想見劉元城先生其人也者，私心竊嚮慕焉。間常發書嘆曰：

「夫夫也，非其忠誠素植、夷險如一，惡能以完人自矢哉？」迨赴公車過英州，謁四君子堂，儼然若揖先生于峻嶺青松之上。度嶺而遊寶屆寺，見鐵漢樓、墨君閣對峙其中，則又想見先生與蘇長公風度，蘧然欲往。蓋兩先生皆謫吾嶺南，播遷再三，節操逾勁，此則其北還同遊故處也。低迴久之，今逾十餘年所矣，捧檄出魏博，爲先生之鄉，覽邑志，有思誠堂專祀先生也，即日尋謁，則見荒坵如掃，在澤宮之左，不覺泫然，於是拜先生于鄉賢祠。退而謀諸博士，王君惟新曰：「哲人既萎，薪木毀傷，高山景行，責將在吾。」會歲祲弗辦，越明年秋蠲俸入，稍稍修復，又計所羨，備祭事春秋如儀，乃集博士弟子員，告以仰止之學。初訪得語録二卷，蛇足于他註。再訪得言行録四卷，乃前道金壇于公所重刊者，本近善，亦且三十年湮歇弗傳矣，遂屬之王博士再校而覆梓之，以廣共學之志。夫先生學本思誠，誠之指，亦後學所與聞者，然惟實見諸行乃爲真學問。先生初拜諫官，以有母未決，及聞母大義，直以身許之，立朝面折廷諍，不憚人主之威，而主時欽其侃直，遇事必獲伸其言而後已，説者曰「殿上虎」。至于群小交搆，瀕於九死，奉母南遷，嗜慾悉斷，又慨乎以身體髮膚爲愛，而名節卒完，是惟忠惟孝，爲險爲夷，誠之一字，妙用縱横，徹首徹尾，惟先生自知之，孰有能真知先生者哉？嗟夫！此亦直論學耳。若乃先生之興廢，關宋室之盛衰，位不配，道未足，爲先生憾，惟是養成忠直之節，巖巖若太山喬嶽，國家弗克，大究其用，且以群枉阸焉。而國祚亦寖以削，如宋室于元城先生也者，亦古今興廢得失之林也，俛仰興吊，不無感慨于斯云。

萬曆丁巳長至，魏縣知縣後學南海區龍禎書于吏署之菊坡軒。區龍禎刻本卷末。

清李錫齡序

元城語録者，宋揚州馬永卿大年輯其師劉器之語也。器之，諱安世，元城人。永卿，宋史無傳，不能詳其官階。此書舊題「左朝散郎主管江州太平觀賜緋魚袋馬永卿編」，頗藉以識厓略。書凡三卷，與晁氏讀書志、陳氏書録解題合。惟晁陳二家，尚有劉先生譚録一卷，凡二十一則，韓瓘撰，道護録一卷，凡十九則，胡珵撰，均輯元城之語，與馬氏書並行，今皆不傳。是編后有行録一卷，明南京禮部右侍郎謚文敏崔銑續輯，謂之「行録」者。宋史藝文志有劉安世言行録二卷，早佚。馬氏既輯語録，故文敏作是書以補其闕。當時元城令汝南進士張儒校刊語録，文敏會爲作序，並以所輯行録授之，事見洹詞，迨後于文熙又補益之，故至今附行不輟。按，是編雖以「語録」命名，而紀述舊聞，旁及瑣事，不規規於講學。文淵閣書目列入子雜，不爲無見。要之，爲説部之書，亦蘇仲滋欒城遺言類也。嘉靖中，開州王端溪取語録、行録，通爲之釋，名之曰元城語録解。書中義藴多所發明，間有辨正，亦能伸己見。初刻於汝南，再刻於元城，近世流傳漸少，兹猶是元城刊本可貴也。端溪，諱崇慶，字德徵，正德戊辰進士，累官户部尚書，有端溪集八卷。

道光庚子七月望日，三原李錫齡識於惜陰軒。惜陰軒叢書本、畿輔叢書本卷首。

清錢培名跋

劉元城學術出自温公，其行己立朝具有本末。東坡論元祐人才，至元城輒曰：「器之真鐵漢，不可及。」其風概可知。此書馬永卿所述元城語，雖名「語録」而頗及考證，閒旁涉禪學。欽定四庫全書總目列之雜家，從其實也。近儒每謂元城嘗梳論伊川，又好與東坡遊，語録中又嘗徵及伊川諫折枝事，故朱子輯名臣言行録不登一字，以爲門户之見。今案，名臣言行録前後集凡引元城語録數條，後集第九卷采東坡言行、第十一卷采元城言行甚詳，此皆朱子原輯，非李幼武所補，豈得云「以交東坡之故，意存門户而不登一字」耶？且黄東發學本朱子，而日抄所録元城語録采及諫折枝一條，又豈有門户之見存於中耶？夫即有意掊擊朱子，亦宜稍檢其書果否遺漏，乃徐議其是非，不當鹵莽滅裂，奮然見之著録如是，是則真門户之見而已矣。明萬曆間，區龍禎刻本元城語録脱誤頗多，前録宋史本傳一篇，末附行録一卷，係明崔銑、于文熙綴輯。案，趙希弁郡齋讀書志附志元城語録三卷、譚録一卷、道護録兩卷，直齋書録解題云元城語録三卷、劉先生譚録一卷、道護録一卷，「以上三書皆刻章貢」。是宋時原本附有譚録、道護録二書。今二書雖佚，而黄氏日抄附録于元城語録後者，猶可見其厓略，名臣言行録中亦尚有數條，又胡仔苕溪漁隱叢話亦引元城語録數事，今據日抄、言行録、叢話校正區刻語録之舛誤，而采輯所引譚録、道護録附於其後，其崔、于所補則從舍旃。本傳自具宋史，無須附贅，故亦删去，凡以略存宋本面目云爾。咸豐二年春社日，金山錢培名謹識。小萬卷樓叢書本卷末。

清金澍本跋

右明刻元城先生語録三卷，嘉靖間海鹽鄭氏藏本。案明史：鄭曉，嘉靖二年進士，官至刑部尚書。卷首有「大司寇章」，蓋曉之收藏印也。又案，曉所著吾學編，諸子列名參校，其次子實名履準，卷尾有履準鉅章一蓋，曉子收藏印也。鄭氏以藏書名海内，而此書乃其再世所珍，源流可考，筱舫方伯得之於吴門舊族，狂喜示余，余爲何滂喜齋宋本元城語録覆校一遍，無一字之僞，洵稱善本，宜爲方伯所寶貴也。

同治丁卯四月既望，錢塘金澍本。張儒刻本卷末。

清梁同書跋槜李書劉元城語録後

右張槜寮書劉元城語録一紙，明李太僕曾類刻於棗木板上，今全帙歸壽松堂孫氏。此帖首尾已斷爛不完，獨紙本經六百餘年翰墨如故，爲友泉施君彭齡得之，可寶也。卷末名印後人所加，裝時宜去之，古人真迹自有識者，又安藉此作證也。梁同書頻羅庵遺集卷一〇。

宋朱熹跋劉元城言行録

元祐諫議大夫元城劉公安世，字器之，受學於司馬文正公，得「不妄語」之一言，拳拳服膺，終身不失。故其進而議於朝者無隱情，退而語於家者無愧詞。今其存而見於文字若此數書者，凜然其與秋霜夏日相高也。熹之外舅劉聘君少嘗見公睢陽間，爲熹言其所見聞，與是數書略同，而時有少異。惜當時不能盡記其説，且其俯仰抑揚之際，公之聲容，猶恍若相接焉，而今亦不可復得矣。嗚呼！歲月如流，前輩既不可見，而其流風餘韻日遠日忘，又已如此，可勝嘆哉！朱熹晦庵先生朱文公集卷八一。

明鄭鄤劉元城先生言行録序

世道之潰裂，人材爲之；人材之邪靡，意見爲之；意見者，君子小人之所其也。孟氏推政事之害，由于生心；生心者，意見之謂也。然則有真人材撑拄世道，其必自湔除意見始矣。宋之中葉，熙豐、元祐遞爲消長，而浸尋竟釀爲靖康，其一時人材之辨，千古較然也，乃予嘗論之熙豐多小人矣。而有乍熙豐而乍元祐者，又爲小人中之小人。元祐多君子矣，而有不熙豐而亦不元祐者，又爲君子中之君子。小人中之小人，無所不利者也，如奴雖數易主，安往而不得衣食焉？君子中之君子，無所不困者也，如薑桂入口便辣，雖知味者，其孰甘之？嗟乎，遊于無所不困之途以成君子，豈易言哉？此元城先生欲爲元祐全人，亦見當時全人之難也。夷考先生學本涑水，涑水與金陵左，然而評金陵者莫如先生之平且確也，蘇眉山温、荆兩不能隨，而先生獨相友善，無間言，蓋□明湛如卓有真信。故附離悉化，壁立獨存，雖中讒流離，遠惡軍州謫歷殆遍，而怡然曾弗介于中。迨同文獄起，先生生死之介直盈咫間耳，蓋蒼蒼者實鑑之矣。嗟乎，此所以爲元祐全人也歟！先生殁二年，而遂有北狩南渡之事，其身之關係世道如此，乃有宋名臣録獨不載其言行，何哉？余得是編于峽江二雲曾公，公守吾郡，亟爲予稱元城先生，而且刻是編以傳，其抑有人材世道之思也夫。鄭鄤峚陽草堂文集卷四。

附録三：書目著録

宋尤袤遂初堂書目　儒家類

劉元城語録，劉元城談録，元城道護録。

宋陳振孫直齋書録解題卷九

一

元城語録三卷。右朝散郎維揚馬永卿大年撰。永卿初仕亳州永城主簿，從寓公劉安世器之學，記其所聞之語。

二

劉先生談録一卷。知秀州韓瓘德全撰，瓘，億之曾孫，緬之孫。官二浙，道睢陽，往來必見劉元城，記其所談二十一則。

三

道護録一卷。胡珵德輝所録劉元城語，凡十九則。以上三書皆刻章貢，末又有邵伯温、吕本中所記數事附焉。

四

諸儒鳴道集七十二卷。不知何人所集涑水、濂溪、明道、伊川、横渠、元城、上蔡、無垢以及江民表、劉子翬、潘子醇凡十一家，其去取不可曉。

宋趙希弁郡齋讀書志附志

語録類

元城先生語録三卷，譚録一卷，道護録兩卷。

右劉忠定公安世字器之之語也。維揚馬永卿大年爲之序。器之，大名人，中熙寧六年進士第。哲宗朝歷正言、左史司諫、右諫議、中書舍人。貶黜久之，至除名勒停，送峽州編管。起提舉鴻慶，復直龍圖閣以卒。昔有與蘇子瞻論元祐人才者，至公則曰：「器之真鐵漢，不可及也。」

總集類

諸儒鳴道集七十二卷。

右集濂溪、涑水、横渠、二程、上蔡、元城、龜山、横浦諸公議論著述也。於中有江民表心性説一卷，安正忘筌集十卷，崇安聖傳論二卷。

元馬端臨文獻通考卷二一〇

一

元城語録三卷。陳氏曰：「右朝散郎維揚馬永卿大年撰。永卿初仕亳州永城主簿，從寓公劉安世器之學，記其所聞之語。」

二

劉先生談録一卷。陳氏曰：「知秀州韓瓘德全撰，瓘，億之曾孫，緬之孫。官二浙，道睢陽，往來必見劉元城，記其所談二十一則。」

三

道護録一卷。陳氏曰：「胡珵德輝所録劉元城語，凡十九則。以上三書皆刻章貢，末又有邵伯温、吕本中所記數事附焉。」

四

諸儒鳴道集七十二卷。陳氏曰：「不知何人所集涑水、濂溪、明道、伊川、横渠、元城、上蔡、無垢以及江民表、劉子翬、潘子醇凡十一家，其去取不可曉。」

元脱脱等宋史藝文志

卷二〇三

劉安世譚録一卷。韓瓘撰。

胡珵道護録一卷，劉安世言行録二卷，范純仁言行録三卷，使高麗事纂二卷，平燕録一卷，三蘇言行五卷。並不知作者。

卷二〇五

劉安世語録二卷。

明楊士奇文淵閣書目卷二

元城語録一部，一册。
元城語録一部，一册。
元城語録一部，一册。

明楊士奇東里續集卷一八

元城先生語録。
右元城劉忠定公語録一册，亦黎教授所贈者，公之學得於司馬文正公，横浦先生序之的矣，學者不可忽也。

明高儒百川書志卷三

元城先生語録三卷，元城先生行録一卷。

宋朝散郎江州主管維揚馬永卿大年紀録待制元城先生劉安世器之之語也。

明晁瑮晁氏寶文堂書目子雜

元城語録解。

明朱睦㮮萬卷堂書目卷三

元城語録三卷。馬永卿。

明焦竑國史經籍志卷四

元城語録三卷。馬永卿記劉安世語。

道護録一卷。胡珵。

劉先生談録一卷。韓瓘記。

明孫能傳内閣藏書目録卷五

元城先生語録二册，宋劉安世著。

又一册全，宋馬永卿編三篇。

清錢謙益絳雲樓書目卷二

元城語録。二册。

清傅維鱗明書卷七六

元城語録。

清徐乾學傳是樓書目儒家

元城語録解。三卷，宋劉安世。宋馬永卿編，明王崇慶解。一本。

元城語録。三卷，宋劉安世。馬永卿編。三本。

清文淵閣四庫全書總目提要

元城語録三卷附行録一卷。浙江鮑士恭家藏本。

元城語録三卷，宋馬永卿編。永卿，字大年，揚州人，流寓鉛山。據廣信府志知其嘗登大觀三年進士，據所作嬾真子知嘗官江都丞、浙川令、夏縣令，又稱嘗官關中，則不知何官矣。徽宗初，劉安世與蘇軾同北歸。大觀中，寄居永城。永卿方爲主簿，受學於安世，因撰集其語爲此書。安世之學出於司馬光，故多有光之遺説。惟光有疑孟，而安世則篤信之，亦足見君子之交不爲苟同矣。其中「藝祖製薰籠」一事，周必大玉堂雜記謂其「以元豐後之官制加之藝祖之時，失於附會」，然安世非妄語者，或記憶偶未確耳。李心傳道命録又論其記「程子諫折柳事」爲虚，謂「程子除説書在三月，四月二日方再具辭免，四月上旬非發生之時」云云。然四月上旬與三月相去幾何？執此以斷必無「方春萬物發生不可戕折」之語，則强辨非正理矣。安世風裁嶽嶽，氣節震動天下。朱子作名臣言行録，於王安石、吕惠卿皆有所節取，乃獨不録安世。董復亨繁露園集有是書序曰：「朱文公名臣言行録不載先生，殊不可解。及閲宋史，然後知文公所以不録先生者大都有三，蓋先生嘗上疏論程正叔，且與蘇文忠交好，又好談禪。文公左袒正叔，不與文忠，至禪則又心薄力拒者，以故不録其説。」不爲無因，是亦識微之論。然道命録備載孔平仲諸人彈論程子疏議，以示譏貶，獨不載安世之疏，不過於孔平仲條下附論其不知伊川而已，蓋亦知安世之人品世所共信，不可動摇，未敢醜詆之也。近時有安邱劉源渌者，作冷語三卷，掇拾伊洛之糟粕，乃以衛道爲名，肆言排擊，指安世爲邪人，謂其罪甚于章惇、邢恕，豈非但有朋黨之見，絶無是非之心者歟？要之，安世心事如青天白日，非源渌一人所能障蔽衆目也。行録一卷，明崔銑所續編，大名兵備副使于文熙又補綴其文，舊本附語録之末，今亦並存之。庶讀者知安世之行，益知證安世之言焉。至語録之中，時有似涉于禪者，此在程門高弟游、楊、吕、謝之徒，朱子亦譏其有此弊，是不必獨爲安世責，亦不必更爲安世諱矣。乾隆四十三年七月恭校上。

清文溯閣四庫全書總目提要

元城語録解

元城語録解三卷，宋馬永卿編。永卿，字大年，揚州人。大觀中，劉安世寄居永城，永卿方爲主簿，受學於安世，因撰集其語爲此書。安世之學出於司馬光，故多有光之遺説。惟光有疑孟，而安世篤信之，亦足見君子之交不爲苟同也。其中「藝祖製薰籠」一事，周必大謂其「以元豐後之官制加之藝祖之時，失於附會」，然安世非妄語者，或永卿記録未確，有所竄亂，致有此誤歟？安世風裁嶽嶽，氣節震動天下。其詆諆程子，與蘇軾同。然程子之徒能修怨于蘇軾，獨于安世不能出一語以撼之，則亦知安世之人品有不可以浮詞動揺者矣。近時有安邱劉源淥者，作冷語三卷，掇拾伊洛之糟粕，乃以衛道爲名，肆言排擊，指安世爲邪人，謂其罪甚于章惇、邢恕，豈非但有門户之見，絶無是非之心者耶？行録一卷，明崔銑所續編，大名兵備副使于文熙又補綴之，舊本附語録之末，今亦並存之。庶讀者知安世之行，益足證安世之言焉。乾隆四十七年十月恭校上。

清文津閣四庫全書總目提要

元城語録解

元城語録解三卷，宋劉安世門人馬永卿所編。安世字器之，元城人，事迹具宋史本傳。永卿字大年，揚州人。大觀中，安世寄居永城，永卿方爲主簿，受學於安世，因撰集其語以爲此書。安世之學出於司馬光，故書中多及光之遺説。惟光有疑孟，而安世則篤信之，亦足見君子之交不爲苟同也。後附元城行録一卷，崔子鐘所輯，明大名兵備副使于文熙又補綴之，亦足考見其生平大略云。乾隆四十九年閏三月恭校上。

清嵇璜續通志卷一六〇

元城語録三卷附行録一卷。語録，宋馬永卿編。行録，崔子鍾續。

清阮元文選樓藏書記卷六

元城語録解三卷，宋劉安世著，王崇慶解。刻本。

清周中孚鄭堂讀書記卷五六

元城語録三卷附行録一卷。萬曆丁巳刊本。

宋馬永卿編。永卿，字大年，淮陽人，官左朝散郎，主管江州太平觀。四庫全書著録雜説類。讀書附志、書録解題、通考、宋志俱載之，宋志作二卷，字之誤也。昔劉器之安世卜居宋都時，適大年官亳州永城主簿，因從器之學，記其所聞之語，凡六十則。辨論經史疑義以及時事，無不詳盡而極言之，非若後來語録專以言心言性爲事，一行兩行，語皆麤俗也。是時洛學方盛，人皆從而和之，以致爲世厲禁，器之獨守其師説而不變，亦可謂豪傑之士矣。考書録解題所載尚有韓瓘劉先生談録一卷、胡珵道護録一卷，皆記器之之語，共有四十則，與大年所記之本皆刻於章貢，末又有邵伯温、吕本中所記數事附焉。通考所載同。今談録、道護録皆亡，惟是編存。又有元城行録一卷，凡二十六條，亦皆記器之生平言行，所以補語録之未及載者。其語録紹興五年大年爲之序，是本萬曆丁巳魏縣知縣區龍禎得萬曆庚寅金壇于文熙刊本而重刊之，故前有文熙序，並及宋史本傳，龍禎復爲之後序。

清瞿鏞鐵琴銅劍樓藏書目録卷一六

元城語録解三卷附行録解一卷。明刊本。

宋馬永卿編其師劉元城之語，王崇慶爲之解。元城名安世，司馬温公弟子，其學出入二氏，解中有駁正語。曾刻於紹興五年，此明人覆刻本也，有張九成、馬永卿序。

清潘祖蔭滂喜齋藏書記卷二

宋刻諸儒鳴道集七十二卷

所采諸儒語録，自濂溪、涑水以下凡十三家，濂溪通書一卷、涑水迂書一卷、横渠正蒙八卷、經學理窟五卷、語録三卷、二程語録二十七卷、上蔡語録三卷、元城語録三卷、劉先生譚録一卷、道護録一卷、江民表心性説一卷、龜山語録四卷、安正忘筌集十卷、崇安聖傳論二卷、横浦日新二卷。後有楷書題記云：「越有諸儒鳴道集最佳，年久板腐字漫，摹觀者病之，乃命刊工剜蠹填梓，隨訂舊本，鋟足其文，令整楷焉。時端平二祀八月吉日，郡守閩川黄壯猷書。」每半葉十二行，行廿一字，内缺迂書一卷、理窟第五一卷，二程語録第八至十九卷皆鈔補明文淵閣官書。其書函猶原庫裝也，至今不蠹不脱，觸手如新。崑山徐氏舊藏。

附藏印：「崑山徐氏家藏」、「乾學之印」、「健庵」。

清丁丙善本書室藏書志卷一九

一

元城先生語録三卷行録一卷。明刊本。

左朝散郎主管江州太平觀賜緋魚袋馬永卿編。

紹興五年維揚馬永卿編其師劉元城之語，序云：「先生元城人，諱安世，字器之，事在國史。」范陽張九成序云：「余觀永卿所著元城語録，嗚呼，前輩不復見矣，考先生所學，所論皆自『不安語』中來，司馬温公心法，先生其得之矣。」後行録凡二十條。

二

元城語録三卷行録一卷。明萬曆刊本，汪季青藏書。

左朝散郎主管江州太平觀賜緋魚袋馬永卿編，後學大名兵備副使于文熙重刊，内黄縣知縣徐成楚梓行，元城縣舉人董復亨校閲。

前有張九成、馬永卿二序，宋史本傳，萬曆庚寅金壇于文熙序：「余待罪天雄，即先生故里，問先生墳墓則化爲烏有，已及其子孫則不知何許，已及祠宇則湫隘頹靡，僅遺像存耳。最後得先生盡言集及語録、行録，盡言集本頗善，語録輯於馬大年，行録輯於崔子鐘，而頗壞於解者，且多魯魚之誤，余删其解，訂其誤，命徐令刻之。」按，舊解爲王崇慶所撰，罟里瞿氏有其書，有「沈令聞」、「柯庭流覽所及」、「休陽汪季青家藏書籍」諸印。

清陸心源皕宋樓藏書志卷五七

一

元城先生語録三卷附行録一卷。元刊本。

宋左朝散郎主管江州太平觀賜緋魚袋馬永卿編。

余觀馬永卿所著元城先生語録。……紹興丙子八月，范陽張九成序。

僕家高郵，少從外家張氏諸舅學問。……紹興五年正月望日，維揚馬永卿大年序。（注：此兩篇序皕宋樓藏書志全文收録，此處省略。）

二

元城先生語録解三卷。明嘉靖刊本。

宋左朝散郎主管江州太平觀賜緋魚袋臣馬永卿編，後學開州端溪子王崇慶解。

張九成序。

馬永卿序。

高金序。嘉靖丁酉。

顧鐸跋。嘉靖八年。

吕柟序。嘉靖七年。

清繆荃孫藝風堂文續集卷七

諸儒鳴道集跋

諸儒鳴道集七十二卷，宋氏榮光樓鈔本。總目：濂溪通書、涑水迂書、横渠正蒙八卷、横渠經學理窟五卷、横渠語録三卷、二程語録二十七卷、上蔡先生語録三卷、元城先生語録三卷、劉先生譚録一卷、劉先生道護録一卷、江民表心性説一卷、龜山語録四卷、安正忘筌集十卷、崇安聖傳論二卷、横浦日新二卷。識云：「越有諸儒鳴道集最佳，年久板腐字漫，摹觀者病之，乃命刊工剜蠹填梓，隨訂舊本，鋟足其文，令整楷焉。時端平二祀八月吉日，郡守閩川黄壯猷書。」商邱宋氏鈔本與絳雲書目合，惟絳雲不言鈔刻，而他書目未之見，深足寶貴。

清葉昌熾緣督廬日記抄

卷四

又抄本元城語録一册。每卷有「錢謙益印」，及「家在虞山之麓尚湖之濱號漁樵子」大方印。

卷五

十九日讀元城語録，題：「左朝散郎主管江州太平觀賜緋魚袋馬永卿編，後學文林郎魏縣知縣區龍禎重校梓，魏縣儒學教諭王惟新同校。」

清劉錦藻清續文獻通考卷二一七二

一

惜陰軒叢書三十四種，三百九卷，李錫齡編。

元城語録解三卷附行録解一卷，明王崇慶。

宋馬永卿元城語録三卷，明崔銑續編行録一卷，開州王崇慶並爲之釋，名曰元城語録解，所謂元城刊本是也。

二

畿輔叢書二百二十二種，一千五百四十五卷，王灝編。

元城語録三卷附行録一卷，宋劉安世。元城語録解三卷附行録解一卷，明王崇慶。

清丁仁八千卷樓書目卷一二

一

元城語録三卷附行録一卷。宋馬永卿撰，行録明崔銑編，明刊本、明刊本、小萬卷樓本。

二

元城語録三卷行録解一卷。明王崇慶撰，惜陰軒本。

圖書在版編目(CIP)數據

元城先生語録 /（宋）馬永卿撰；常爽爽校點. 劉先生譚録 /（宋）韓瓘撰；常爽爽校點. 劉先生道護録 /（宋）胡珵撰；常爽爽校點. —上海：上海古籍出版社，2022.11

（歷代筆記叢書）

ISBN 978-7-5732-0437-0

Ⅰ.①元… ②劉… ③劉… Ⅱ.①馬… ②韓… ③胡… ④常… Ⅲ.①劉安世(1048-1125)—語録 Ⅳ.①K827=441

中國版本圖書館 CIP 數據核字(2022)第 177546 號

歷代筆記叢書

元城先生語録

〔宋〕馬永卿 撰

劉先生譚録

〔宋〕韓 瓘 撰

劉先生道護録

〔宋〕胡 珵 撰

常爽爽 校點

上海古籍出版社出版發行

（上海市閔行區號景路 159 弄 1-5 號 A 座 5F 郵政編碼 201101）

（1）網址：www.guji.com.cn

（2）E-mail：guji1@guji.com.cn

（3）易文網網址：www.ewen.co

常熟市人民印刷有限公司印刷

開本 850×1168 1/32 印張 4.625 插頁 2 字數 95,000

2022 年 11 月第 1 版 2022 年 11 月第 1 次印刷

印數：1—1,500

ISBN 978-7-5732-0437-0

K·3256 定價：30.00 元